국가무형유산

경주교동법주 보유자 최경

Gyeongju Gyo-dong Beopju
(Beopju Liquor of Gyo-dong, Gyeongju)

ISBN 979-11-90587-74-7 93380

일러두기

1. 이 책은 2024년 국가무형유산 영상기록물 제작 당시의 경주교동법주 최경 보유자의 제작과정 실연 및 인터뷰를 토대로 기록하였으며, 현장 촬영 사진을 담아 서술하였다.
2. 이 책은 천진기(前국립민속박물관장)이 집필하였다.
3. 도서의 내용은 집필자의 견해를 따랐으며, 일부 내용에 대한 견해의 차이가 있을 수 있다.

국가무형유산

경주교동법주 보유자 최경

글 천진기

문예원

차례

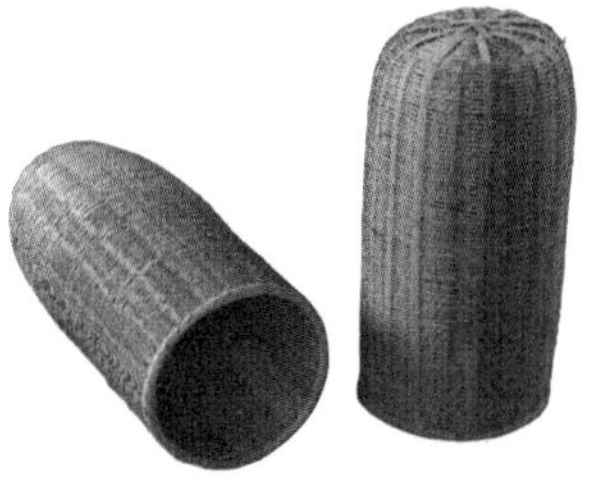

프롤로그

이 기록도서는 제2대 경주교동법주 보유자 최경(崔梗, 1944년생) 의 2024년 기록영화 제작 현장에서 면접조사와 참여관찰을 통해 채록되고 조사된 구술자료를 중심으로 정리한 내용이다. 영화의 영상기록과 함께 기획된 문자기록이다. 1997년 제1대 보유자 배영신을 중심으로 경주교동법주 기록영화와 기록도서가 제작되었고 이후 27년만인 2024년에 제2대 경주교동법주 보유자 최경을 중심으로 새롭게 기록영화와 기록도서를 제작하였다.

보유자 최경은 "10대조 최국선, 사옹원 참봉, 법주, 찹쌀, 밀, 물, 누룩, 쌀, 밑술, 본술, 이양주, 발효, 체주, 숙성, 백일주, 풍미" 등의 단어로 경주교동법주를 설명한다. 이들 핵심어와 함께 현장에서 직접 면접조사와 참여관찰한 내용을 중심으로 "진짜 몸으로 체득한 최경의 33년 경주교동법주 빚기 진면목"을 만나보았다.

경주교동법주의 보유자는 최경崔梗이며, 최국선崔國璿의 10세손世孫이다. 최경은 경주교동법주를 빚어온 제1대 보유자 배영신(최경의 어머니)으로부터 전통 곡주 양조기술을 전수받아 1994년 전수교육조교로 선정되었으며, 2005년에 경주교동법주의 보유자로 인정되었다. 최경은 가전비법家傳秘法으로 전해온 전통 양조기술을 철저하게 지나칠 정도로 고집스럽게 계승 보존을 하고 있다. 뿐만 아니라 과학적인 접근과 이해, 일정한 형식과 계산된 공식, 지속적이면서도 반복적인 규칙에 의해 양조기술을 충실히 전승하고 있다. 특히, 술맛을 결정짓게 되는 누룩제조에서 경주교동법주의 특징을 잘 전승하고 있으며, 원료 및 제작도구, 시설에서도 빈틈이 없다.

경주교동법주는 경주 교동 최부자댁에서 350여 년 대대로 빚어온 오는 전통 가양주로, 한 집안의 얼과 정성이 깃들어 있다. 조선 숙종肅宗 때 궁중에서 음식을 관장하던 관직에 있던 최국선崔國璿이 고향으로 내려와 최초로 빚은 것으로 궁중에서 유래된 술이다.

경주교동법주 빚는 과정은 누룩디디기, 누룩띄우기, 밑술담그기, 덧술담그기, 용수박아 술뜨기, 술 항아리 보관 및 숙성 등 여러 과정으로 이루어진다. 원료는 물, 밀, 찹쌀 등 세 가지 뿐이다. 밑술은 밀누룩과 찹쌀죽을 쓰고, 덧술로 찹쌀 고두밥을 섞어 넣어 빚는 이양주로 100여 일간 숙성시킨다. 경주교동법주는 단순한 술이 아니라 오랜 기다림 속에서 완성되는 '세월이 빚은 명주'이다.

경주교동법주는 외관이 맑고 투명한 미황색을 띠며 특유의 향기와 감미를 내는 부드러운 술이다. 경주교동법주는 그 특유의 향긋한 냄새와 혀끝에 착착 감기는 달큰하면서도 부드러운 맛, 노르스름하면서도 투명한 빛깔, 그리고 과음해도 취하는 줄 모르고 마시고 난 뒤에도 뒷 탈이 없어 이름 그대로 '법도에 맞는 술'로 평가된다.

경주교동법주의 한잔 술에는 단순한 맛을 넘어, 역사와 전통, 정성이 깃든 이야기가 담겨 있다. 350년 대대로 이어온 가문의 역사와 전통, 100일 동안 정성을 들여 빚어지는 술, 그리고 깊은 향과 맛 속에 깃든 술의 품격은 오늘을 살아가는 우리가 잊지 말아야 할 경주교동법주의 가치이다.

Prologue

This monograph presents a textual record planned alongside the 2024 documentary film about Gyeongju Gyodong Beopju, based primarily on oral accounts collected through interviews and participant observation during the film production. It documents the expertise of the second holder of the tradition, Choi Kyung (b. 1944), following the earlier 1997 documentary and book that centered on the first holder, Bae Young-shin, after a 27-year interval. Choi Kyung explains Gyeongju Gyodong Beopju through key words such as "10th-generation ancestor Choi Guk-seon," "royal kitchen official," "glutinous rice," "wheat," "water," "nuruk (fermentation starter)," "base mash," "main mash," "double-brewed liquor," "fermentation," "straining," "maturation," and "Baekilju (hundred-day liquor)." This study examines the authentic craft that Choi has embodied over 33 years, as observed and documented on site.

Choi Kyung, the current holder of Gyeongju Gyodong Beopju, is the tenth-generation descendant of Choi Guk-seon. She inherited the traditional brewing techniques from her mother, Bae Young-shin—the first designated holder—was appointed as a transmission instructor in 1994, and recognized as the official holder in 2005. She has rigorously preserved and practiced the family's secret methods with a meticulous and almost stubborn fidelity, while also applying scientific understanding, systematic procedures, and consistent, repetitive discipline. She particularly excels in maintaining the unique characteristics of the nuruk and ensures precision in raw materials, tools, and facilities.

Gyeongju Gyodong Beopju is a traditional household liquor that has been brewed for over 350 years in the Choi family residence in Gyodong, Gyeongju. Originating in the Joseon Dynasty during King Sukjong's reign, it was first brewed by Choi Guk-seon, who, after serving as an official in charge of food at the royal court, brought the recipe back to his hometown.

The brewing process consists of multiple stages: making and fermenting the nuruk, preparing the base and main mash, straining the liquor with a sieve, and aging it in jars. Only three ingredients—water, wheat, and glutinous rice—are used. The base mash combines wheat nuruk and glutinous rice porridge, followed by adding steamed glutinous rice in the main mash, then maturing for about 100 days as a double-brewed liquor. Far beyond a mere alcoholic beverage, Gyeongju Gyodong Beopju is a "masterpiece of time," perfected through patience.

It is clear and transparent with a soft golden hue, characterized by its distinctive aroma and gentle sweetness. Its fragrant, smooth taste, golden clarity, and mild effects even after consumption have earned it the name "Beopju"—a liquor that follows the proper way.

Each glass of Gyeongju Gyodong Beopju embodies not just taste, but also history, tradition, and devotion. The 350-year family heritage, the 100-day crafting process, and the depth of flavor and dignity embedded in the liquor remind us of the enduring value of this cultural treasure.

I

경주교동법주의 역사와 전승과정

경주교동법주의 역사와 전승과정

1. 경주교동법주는 어떤 술인가?

제2대 경주교동법주 보유자 최경은 교동법주를 다음과 같이 소개한다.

이 교동법주는 저의 10대조이신 최 국國자 선璿자 하신 분이 사옹원 참봉을 하셨어요. 사옹원은 우리나라 궁중의 염장 간장(을) 관리 감독하는 아주 미관말직의 관청이에요.

그 관청의 참봉을 하셨기 때문에 거기에서 근무를 마치고 벼슬길에 올라가지 않으시고 낙향하셔서 궁중에 담그던 술 중 가정에서 가장 담기 좋은 술이 법주라는걸 생

경주교동법주 보유자 최경(1944년생)

경주교동법주

각하시고 집에서 이 법주를 만들게 됐어요. 법주의 원재료는 찹쌀하고 누룩하고 물 하고, 요 세 가지 밖에 없습니다. 다른 부원료는 전혀 들어가지 않아요.

누룩을 만들라 하면은 밀이 있어야 되잖아요. 그 밀을 우리 국내에서 생산하는 밀로서 분쇄를 해서 그 다음에 반죽을 할라 그러면 멥쌀을 흰죽을 쒀서 그걸(밀가루와 밀기울을) 혼합하여 반죽을 해서 (누룩)틀에 넣고 밟아 가지고 띄우면서 발효시키(고) 발효가 다 되면 누룩입니다. 이 누룩을 다시 분쇄를 해서 이 술(경주교동법주)을 만드는데 사용을 해요.

(경주교동법주가) 어떤 술이라기보다는 이 우리나라 술들이 다 특색이 있다고 하는데 사실은 그 특색을 말씀을 드리기가 굉장히 힘들어요. 말로 표현하는 거는 미사여구를 사용해서 얼마든지 좋은 술이라는 걸 표현을 할 수가 있지만 실제로 자(드)셔 보시는 분들이 그 풍미를 말씀하시는 게 더 좋을 거 같습니다. 어떤 술이라는 건 내 자기 주관의 이야기를 할 수가 있거든요. 그러니까 우리나라 국민들이 공통적인 이야기가 나올 수 있는 그런 이걸(이야기) 하기 위해서는 먼저 술을 자(드)셔보고 그 풍미를 이야기하시는 게 좋을 거 같아요.[1]

---

1 보유자 최경은 겸손하게 경주교동법주를 표현하고 있지만 음미해 보신 일반인들은 경주교동법주 그 특유의 향긋한 냄새와 혀끝에 착착 감기는 달큰하면서도 부드러운 맛, 노르스름하면서도 투명한 빛깔, 그리고 과음해도 취하는 줄 모르고 마시고 난 뒤에도 뒷탈이 없어 이름그대로 '법도에 맞는 술'로 평가한다.

경주, 교동, 법주

이 교동법주가 특색이라는 거보다는 이거는 이양주. 두 번 담는 거. 밑술 한 번 담고 본주 한 번 담는 것. 밑술을 담아서 3일에서 한 5일. 그 다음에 본주(덧술)를 담아서 한 일주일에서 한 한 달. 발효를 시켜서 채주해서 숙성하고 하는 기간이 100일 걸립니다. 그래서 흔히들 백일주라는 말도 많이 합니다만은 백일이 지나야 일반손님들 일반 우리나라 국민들이 자(드)셔볼 수 있는 그런 술이에요.

"경주교동법주" 명칭에는 '경주', '교동', '경주최씨', '최부자댁', '법주' 등의 중요한 의미를 총체적으로 내포하고 있다.

경주는 신라 천년을 담고 있고, 경주최씨慶州崔氏는 경주를 본관으로 삼고 누대를 거쳐 경주에 살고 있다. 경주최씨는 신라 말 6두품 출신의 대학자 최치원崔致遠 선생을 중시조로 하여 27파로 분파되어 세계世系를 이어오고 있다.[2]

경주최씨 사성공파司成公派는 최치원의 10대손 최예崔汭로부터 시작된 후손들이다. 경주교동법주는 경주최씨 사성공파 최예의 후손 최국선崔國璿(1631~1682)이 처음 경주부 내남면 이조리[3]에서 법주를 빚으며 시작하였다. 그후 법주는 최국선의 5대손 최기영崔祈永(1768~1834)이 교초(교동)으로 이거하면서 교동 최부자댁 며느리를 중심으로 350여 년을 걸쳐 가계계승家系繼承으로 빚어 오고 있다. 1986년 경주교동법주는 문배주, 면천두견주와 함께 국가무형유산으로 지정되었고, 제1대 기능보유자는 경주교동법주를 최초로 빚은 최국선의 9대손 최종崔淙(1917~1980)의 아내 배영신裵永信(1917~2014)이 되었다.

이 기록도서는 제2대 경주교동법주 보유자 최경崔梗(1944년 생)의 2024년 기록영화 제작 현장에서 면접조사와 참여관찰을 통해 조사된 구술자료를 채록하여 이를 중심으로 정리한 내용이다. 1997년 제1대 보유자 배영신을 중심으로 경주교동법주 기록영화와 기록도서가 제작되었다.[4] 그 이후 27년만인 2024년에 제2대 경주교동법주 보유자 최경을 중심으로 새롭게 기록영화가 제작되었다.

제2대 경주교동법주 보유자 최경은 "10대조 최국선, 사옹원 참봉, 법주[5], 찹쌀, 밀, 물, 누룩, 쌀, 밑술, 본술, 이양주, 발효, 체주, 숙성, 백

---

2 慶州崔氏 中央宗親會, http://www.choichiwon.net/main

3 경주부 부남면 이조리는 현 경주시 내남면 이조리이다.

4 국립문화재연구소, 『중요무형문화재 제86-다호 경주교동법주』, 1998.

5 고려시대부터 있었던 술로 『고려도경』·『고려사』 등의 문헌에 보이고 있는데, 멥쌀을 주원료로 하여 일정한 처방으로 빚어 종묘제사 등 나라의 의식에 사용되던 관용주를 일컫던 것으로 추측된다. 그 뒤 정확한 연대는 알 수 없으나 사찰 주변에서 빚어지고 있는 술도 법주라고 하게 되었다(유태종, 「법주」『한국민족문화대백과사전』, 한국학중앙연구원, 1991. https://

일주, 풍미" 등의 단어로 경주교동법주를 설명한다. 이 기록도서에서는 이들 핵심어와 함께 현장에서 직접 면접조사와 참여관찰한 내용을 중심으로 "진짜 몸으로 체득한 최경의 33년 경주교동법주 빚기 진면목"을 만나 보겠다.

2. 경주교동법주와 최부자댁 가계계승

1) 경주교동법주의 근원, 최진립과 경주부 부남면 이조리

경주교동법주는 경주최씨 사성공파司成公派 정무공파貞武公派 교촌문중校村門中을 중심으로 전승되는 가양주다. 사성공파는 경주최씨 27개 파 가운데 한 파이고 파시조는 최예이다. 경주교동법주와 직접적인 관련이 있는 정무공파는 최진립崔震立(1568~1636)이 파시조이다. 이조리에서 교촌으로 이거한 교촌문중은 최언경의 후손들이다. 제1대 보유자 배영신, 제2대 보유자 최경도 교촌문중 사람들이다. 봉제사奉祭祀 접빈객接賓客을 위한 경주최씨 정무공파 교촌문중의 가양주로서 경주교동법주는 어떻게 350여 년 이상 가계계승으로 전승되었지를 좀더 상세히 알아보자.

경주교동법주는 경주부 부남면 이조리에서 최초로 빚었다.[6] 이조리에 처음 정착한 선조는 최진립이고, 최진립의 손자인 최국선은 이조리에서 법주를 처음 빚었다. 최진립은 제2대 경주교동법주 보유자 최경의 12대조이고, 최국선은 최경의 10대조이다.

---

encykorea.aks.ac.kr/Article/E0022715)

6 문화재관리국, 『전통민속주(무형문화재 지정 조사 보고서 제163호)』, 1985, 115쪽

최진립은 경주최씨 사성공파 파조 최예의 6대손이며, 최진립 자신은 정무공파의 파조이다. 조선 중기 임진왜란, 정유재란, 병자호란에 참전한 의병장이자 무신이다. 최진립은 경상도 경주부 현곡면 하구리에서 태어나, 3살 때부터 외가인 경주부 부남면 이조리로 이주하여 살았다. 이조리는 경주최씨 집성촌으로 이 마을에는 1993년 경상북도 민속자료로 지정된 충의당忠義堂[7]이 있으며, 이 고택이 바로 최진립이 3살 때부터 살던 집이다.

최진립은 임진왜란이 발발하자 의병을 일으켜 참전했고, 정유재란 때 결사대 100명과 함께 울산군 서생포진에 침입한 일본군을 무찌르고 울산성 전투에서 권율 밑에 종군하여 전공을 세웠다. 전쟁이 끝난 후에도 여도만호 겸 선전관, 훈련원 부정, 오위도총부 도사, 가덕진 수군첨절제사, 공조 참판, 경기·공청(충청)·황해 수군 통제사, 전라도 수군절도사 등의 관직을 지냈다. 1636년 병자호란이 발발하고 남한산성으로 피신한 인조가 적들에게 포위당했다는 소식을 듣자, 그는 69세의 나이에도 불구하고 출전을 감행했다. 아군이 수세에 몰렸지만 끝까지 물러서지 않고 순국했다.[8]

사후에 신도비가 세워졌는데 신도비 건립에 노론과 남인 인사들이 함께 동참할 정도로 범정파적인 추모의 대상이 되었다. 저서로는『정무공실기貞武公實記』2권이 있다. 인조仁祖는 교시를 내려 최진립을 병조판서로 추증하고 정무공貞武의 시호를 내렸다. 또한 그의 출신지인 경주에 정표旌表하게 했다. 숙종이 친히 숭렬사우崇烈祠宇라 사액하여

---

7 동해문화사,『경상북도문화재도록(慶尙北道文化財圖錄)』, 1995; 경상북도,『경상북도문화재지정조사보고서(慶尙北道文化財指定調査報告書)』, 1992

8 무과급제 공신(武科及第功臣) 최진립 : 宣祖 壬難 倡義 策勳 宣祖 甲午 登武科及第 官至 工曺参判兼 五衛都摠府 副摠管 仁祖 丙子 于龍仁險川陣 殉節 贈 資憲大夫 兵曺判書兼 知義禁府事 贈 諡 貞武 錄 清白(출전 :경주최씨중앙종친회 http://www.choichiwon.net/history/history07)

경주향교, 최부자댁, 경주교동법주기능보유자 최경의 집

사액사당으로 출발하였다. 당시 무인으로 사액사당을 받은 곳은 이순신과 김시민 장군 뿐일 정도 드문 일이었다. 최진립 장군을 모신 숭열사는 영남유림들의 뜻을 모아 용산서원으로 승격되었다. 경주 최부자댁은 정무공파 파시조인 최진립 장군에서 시작되었다.

2) 경주교동법주의 시원, 최국선

경주 최부자댁의 본격적인 시작은 최진립의 셋째 아들 최동량崔東亮(1598~1664) 때부터 가문이 부흥하면서 시작됐다. 최동량은 임진왜란·병자호란 이후 정부의 적극적인 황무지 개간과 수로시설 건

설 장려의 흐름에 발맞춰서 경주부 부남면 이조리 일대의 토지들을 개간하고 형산강의 물줄기를 끌어들여 수로시설을 건설해 이앙법을 도입한 결과 큰 부를 쌓게 되었다. 집안의 종들에게 일종의 성과급제를 도입해 생산력을 증대시켰으며 일반적인 대지주들이 두던 중간관리직인 마름을 두지 않아 소작료를 비교적 낮게 받기도 했다. 경주교동법주를 처음 빚은 최국선은 최진립의 손자이자 최동량의 장남이다. 정무공 최진립의 손자인 최국선은 조선 숙종 때 임금님의 수랏상 및 궁중음식을 감독하는 사옹원司饔院[9] 참봉을 지냈다. 사옹원 참봉은 종구품從九品의 미관 말직이지만 임금의 수랏상을 관리하는 실무 책임자이기 때문에 아무나 할 수 있는 벼슬이 아니다. 그 자리는 남대문 밖의 사람은 쓰지도 않았고, 또 충신의 자손이 아니면 쓰질 않았다. 사옹원 참봉의 자리는 곧 가문의 영광이었다. 최국선이 궁궐에서 임금의 수랏상을 돌보고 장을 담그는 염장을 관장하는 사옹원 참봉직에 봉해진 것은 충절을 다한 조부인 최진립 장군의 후손이었기에 가능했다. 최국선은 사옹원의 실무 책임자로 봉직하다가 이조리로 낙향하여 처음 법주를 빚기 시작하였다. 이는 경주교동법주가 궁중으로부터 유래한 술임을 암시하고 있다.

최국선은 소위 명화적明火賊이라 불리는 도적떼의 침입을 받은 적이 있었다. 이때의 경험을 교훈 삼은 최국선은 사방 100리 안에 굶어죽는 이가 없도록 하라는 마음가짐으로 곳간을 열어 사람들을 먹여 살

9 조선 성종 대 완성한 『경국대전(經國大典)』에 사옹원의 상세한 구성과 직무가 수록되어 있다. 조선시대 궁중음식을 담당한 관청은 이조(吏曹)에 속한 사옹원으로 "부엌주 廚"자를 써서 '주원(廚院)'이라고도 했다. 사옹원은 전국에서 진상되는 식재료를 받아 여러 전각에 공급하는 일, 왕과 왕실 가족의 식사는 물론 관리들의 식사까지 책임졌다. 사옹원에는 도제조(都提調), 제조와 같은 관리자와 일반 관원부터 대전(大殿, 임금의 거처)과 왕비전, 세자궁의 부엌에 배치된 400여 명에 이르는 요리 담당자(飯監, 各色掌)까지 다양한 직급의 사람들이 소속되어 있었다.

경주교동법주 기능보유자 최경의 집(전경)

렸고, 이는 '경주 최부자댁'의 명성으로 이어졌다. 일반적으로 흉년 때 지주들이 다급한 처지의 농민들의 땅을 싸게 사들여서 재산을 불렸지만, 오히려 최부잣집은 흉년에는 땅을 사지 말라는 가훈을 세웠다. 그리고 집안의 재산은 1만 석 이상을 넘지 않도록 한다고 규정했는데 이렇다 보니 집안의 소유토지가 늘어나더라도 1만 석을 넘을 수 없으니 그 남은 이익이 자연스럽게 소작인들에게 돌아가는 구조가 되었다. 이런 이유로 일대의 주민들은 오히려 최부자댁의 재산이 늘어나는 것을 원했고 누군가가 땅을 매각하려 한다면 앞다퉈서 최부자댁에 소개할 정도였다고 한다.

최국선의 『사옹원참봉부군유사司饔院參奉府君遺事』에는 "많은 사람들의 굶주림이 이 지경이 되었는데 어찌 집안 재물을 아껴 저들이 죽어가는 것을 보고만 있겠는가?生靈困厄至此豈家愛惜家財立視其死"라고 했고, 최국선의 비문에는 "사람들이 어렵고 급한 사정으로 공에게 담보 잡힌 문서들이 책상에 가득하였다…공이 문서를 태워 버리고 더 이상 묻지 않으니…鄕人大小有窘急 從公假貸 質劑盈案 … 焬質棄責…"라고 적었다. 특히 "과거를 보되 진사 이상 벼슬을 하지마라. 만석 이상의 산은 사회에 환원하라. 흉년기에는 땅을 늘리지 말라. 과객을 후하게 대접하라. 주변 100리 안에 굶는 사람이 없도록 하라. 시집 온 며느리들은 3년간 무명옷을 입어라."라는 경주 최부자집의 육훈六訓과 육연六然 등에서 "노블리스 오블리제noblesse oblige" 정신을 엿볼 수 있다.[10]

최국선의 차남 최의기崔義基(1653~1722)는 형 최인기에 비해서 물려받은 재산은 비교적 적었으나 최의기의 장남 최승렬崔承烈(1690~1757)과 장손자 최종률崔宗律(1724~1773) 대에 재산이 이미 만석에 가까워지기 시작했다. 일반적으로 알려진 경주 최부자댁은 1대 최진립, 2대 최동량, 3대 최국선, 4대 최의기, 5대 최승렬, 6대 최종률, 7대 최언경崔彦璥, 8대 최기영, 9대 최세린崔世麟(1791~1846), 10대 최만희崔晩喜(1832~1879), 11대 최현식崔鉉軾(1854~1928), 12대 최준崔浚까지 12대를 걸쳐 부를 이어갔다. 최부자댁의 마지막 최준의 9대조인 최국선 때 부가 정착된 것이 확실하기 때문에 이때부터 계산하면 최부자댁의 명성은 10대를 이어왔다. 그 부를 바탕으로 봉제사 접빈객을 위한 가양주인 경주교동법주를 대대로 빚어왔다. 경주 최부자댁이 350여 년 이상 부를 이어온 비결은 집안 가훈에서도 볼 수 있다.

---

10 KBS, 〈12대 400년 부자의 비밀, 경주 최부자〉《KBS역사저널 그날》, 2009년 8월 2일 방영

육훈六訓[11]

과거를 보되, 진사 이상은 하지 마라

재산은 만 석 이상 지니지 마라

과객을 후하게 대접하라

흉년기에 땅을 사지 마라

며느리는 시집온 후 3년 동안 무명옷을 입어라

사방 백 리 안에 굶어 죽는 이가 없게 하라

육연六然[12]

자처초연自處超然 스스로 초연하게 지내고,

대인애연對人藹然 남에게 온화하게 대하며,

무사징연無事澄然 일이 없을 때 마음을 맑게 가지고,

유사감연有事敢然 일을 당해서는 용감하게 대처하며,

득의담연得意淡然 성공했을 때는 담담하게 행동하고,

실의태연失意泰然 실의에 빠졌을 때는 태연하게 행동하라.

3) 경주 교동으로 이어진 경주교동법주

경주 교동 경주향교 바로 옆에는 고택 두 집이 나란히 위치하고 있다. 경주최씨 사성공파, 정무공파 교촌문중은 이 두 집에서부터 시작된다. 현재 한 집은 국가민속문화유산인 '경주 최부자댁'이고 또다른 한 집은 '국가무형유산 경주교동법주 보유자 최경의 집'이다. 이조리

11 집안을 다스리는 여섯 가지 가훈

12 2013년 국립민속박물관에서 개최된『종가』특별전에 경주최씨 최부자 종가 종손인 최염이 소장하고 있는 경주최씨 최부자댁에서 내려오는 자신을 지키는 여섯 가지 지침, 육연(六然)이다.

최부자댁과 이조에서 옮겨온 보유자 최경의 집은 담장을 하나를 사이에 두고 나란히 위치하고 있다. 작은 협문이 있어서 큰집 작은집은 거의 한집처럼 드나들었다. 현재는 이 협문은 없어지고, 협문이 있었다는 표시로 작은 구멍을 두고 있다. 경주최씨 교촌문중을 대표하는 이 두 집, 큰집 작은집을 중심으로 경주교동법주가 전승되어 왔다.

에 살고 있던 경주 최부자댁은 최국선의 5대손 최기영이 아버지 최언경崔彦璥(1743~1804)를 모시고 아들인 최세린崔世麟과 최세구崔世[13]와 함께 교촌으로 이거하면서 경주 최부자댁 시대를 열었다. 바로 경주최씨 사성공파 정무공파 교촌문중이다.

> 솔직히 말해 교동법주는 서민들이 마시기에는 사치스러운 술이지요. 반면에 술로서는 으뜸이고요. 옛날에는 손님이 워낙 많았기에 손님 접대를 잘 하기 위해 이 법주를 빚는 데 비용과 정성을 아끼지 않고 쏟다 보니 최고의 술이 되었던 게지요.[14]

이조리에서 교촌으로 이거를 하면서 법주 빚는 전통도 자연스럽게 함께 옮겨와서 이어진다. 최국선의 4대손 최언경崔彦璥(1743~1804)과 5대손 최기영은 경주부 부내면 교리 교촌마을로 이주할 계획을 세웠고, 1700년대 후반 이조리에서 살던 집을 허물어 교촌마을 경주향교 서쪽으로 이건해 왔다. 최기영은 최국선의 6대손이자 큰아들이었던 최세

---

13 시기적으로 교촌, 교리, 교동 등으로 불리다가 현재는 교촌이란 지명을 사용하고 있다. 경주교동법주가 국가무형유산으로 지정될 당시는 교동의 지명을 사용했다.

14 제1대 경주교동법주 보유자 배영신의 談(국립문화재연구소, 『중요무형문화재 제86-다호 경주교동법주』, 1998, 172쪽)

1 경주교동법주 기능보유자 최경의 집(안채)
2 경주교동법주 기능보유자 최경의 집(사랑채)

린을 이조리에 옮겨 온 집은 그대로 두고 바로 옆에 새 집을 지어 분가시켰다. 이 새집에서 최국선의 7대손 최만희, 8대손 최현식을 거쳐 최준崔浚, 10대손 최식崔植, 11대손 최염崔炎까지 이어진다. 이 집은 1971년도 국가민속문화유산으로 지정된 "경주 최부자댁慶州 崔富者宅"이다. 다음은 경주 최부자댁에 대한 설명이다.

〈경주 최부자댁〉

국가민속유산

경주 최씨 최부자의 종가로 월성을 끼고 흐르는 남천 옆 양지바른 곳에 자리 잡고 있다. 최부자의 집안은 도덕적 의무와 관용을 몸소 실천해 온 것으로 널리 알려져 있으며 12대 동안 만석지기 재산을 지켰고, 학문에서 힘을 써 9대에 걸쳐 진사를 배출하였다.

이 가옥은 조선 중기 무렵 최언경대에 최씨 집안이 경주시 내남면 이조리에서 교동으로 이주하여 정착한 1779년경에 건립되었다. 원래는 99간이었다고 전해지며 문간채·사랑채·안채·사당·곳간으로 구성되어 있다. 현재는 'ㅁ'자 모양이고 대문채는 'ㅡ'자 모양이다. 사당을 안채의 동쪽에 배치하지 않고 서쪽에 배치한 점, 기둥을 낮게 만들어 집의 높이를 낮춘 점, 집터를 낮게 닦은 점 등은 성현을 모시는 경주향교에 대한 배려로 최부자댁이 건축적 특징이라 할 수 있다.

이조에서 교촌으로 처음 옮겨 온 원래 고택에는 최기영의 둘째 아들 최세구崔世龜가 옛 집을 그대로 이어받으면서 그 후손들이 거주하게 된다. 이 집은 물봉진사로 유명한 최만선崔晩善, 최현철崔鉉澈, 최홍崔洪으로 이어지는데, 최홍은 만주에서 옥사했다. 최홍의 가족들은 해방 이후 귀국하여 부산으로 이사했다. 이 고택은 현재까지 최홍의 동생 최종, 그의 아들 최경이 경주교동법주를 빚으며 살고 있다.

경주교동법주 기능보유자 최경의 집(대문채)

경주 교촌에서 법주빚기는 나란히 위치하고 있는 두 집을 중심으로 교촌문중에서 계속 전승되어 왔다. 국가중요민속유산으로 지정된 큰 집에서 경주교동법주는 최세린의 후손인 최만희, 최현식, 최준, 최식, 최염 등으로 이어졌다. 그러나 최준이 타계하고 그의 아들 최식도 명을 다하자 최염은 사업상 외지에 나갔고, 그 아랫대인 최성길崔成吉은 완전히 외지인이 되어 더이상 교동법주의 명맥을 잇지 못했다. 교동 경주 최부자댁 큰집에서는 교동법주는 이제 더 이상 만들지 않고 있다.

다행히 경주교동법주의 전통은 국가민속문화유산인 큰집의 바로 옆 집이자 이조에서 이건해 온 작은 집에서 최세구의 후손들에 의해 현재까지 맥을 잇고 있다. 최세구의 후손은 최만선, 최현철, 최종(부인 배영신 제1대 경주교동법주 보유자), 최경(제2대 경주교동법주 보유자), 최홍석(烘

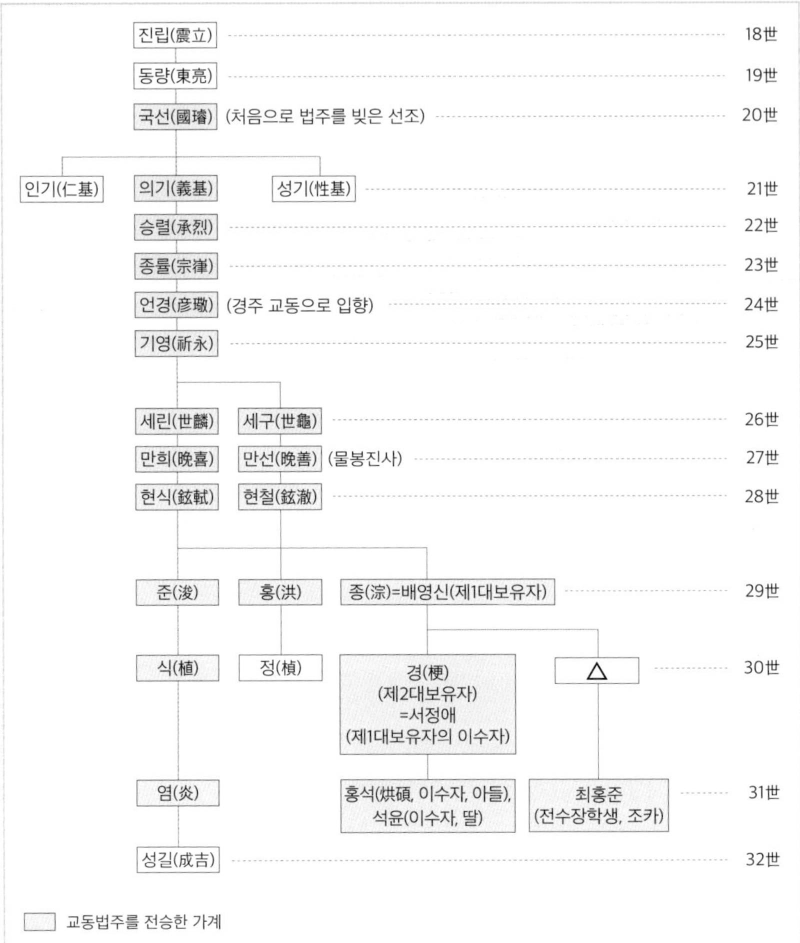

경주최씨 사성공파, 정무공파 교리문중으로 내려오는 경주교동법주 계승도

碩 경주교동법주 이수자) 등으로 이어져 현재까지 이르고 있다. 수 대에 걸쳐 봉제사와 접빈객에 사용되어온 법주와 전통안주는 많은 애주가들의 사랑을 받아오던 중 1986년 국가지정 중요무형문화재 제 86-다호 "향토 술담그기"로 지정되었다. 경주교동법주는 최씨가문의 며느리인 배영신이 보유자로 인정받아 제조비법을 전승하여 왔다. 2006년 3월

그의 아들 최경이 2대째 보유자로 인정받아 제조비법을 계승 발전시키고 있다. 다음은 경주교동법주 보유자 최경의 집에 세워진 경주교동법주 설명문이다.

〈경주 교동 법주〉

국가무형유산

교동법주는 경주 교동 최부자댁에 전해 오는 비주秘酒로 조선 숙종肅宗 때 궁중에서 음식을 관장하던 관직에 있던 최국선崔國璿이 고향으로 내려와 최초로 빚은 것으로 궁중에서 유래된 술이다. 술 빚기는 9월에서 이듬해 4월까지가 적기이다.

원료는 밑술로 밀누룩과 찹쌀을 쓰고, 덧술로 찹쌀밥을 넣어 빚는데 100여일간 숙성시킨다. 숙성된 교동법주는 외관이 맑고 투명한 미황색을 띠며 특유의 향기와 감미를 내는 부드러운 술이다. 현재 교동법주의 기능보유자는 최경崔梗이며, 최국선崔國璿의 10세손世孫이다.

최국선으로부터 이어지는 법주 빚는 방법은 차남 최의기의 후손들에 의해 최부자댁에 시집온 며느리들에게 350년의 세월을 대물림되었다. 숙박시설이 여의치 않은 조선시대. 최부잣집은 수많은 과객들의 쉼터였다. 어떤 손님이라도 극진히 대접. 노잣돈과 하루 양식을 챙겨 보냈다는 이야기에서 경주교동법주는 접빈객을 위한 한 몫을 담당했다고 볼 수 있다. 국가무형유산 경주교동법주는 이웃과 더불어 살기를 철학으로 삼았던 최씨 집안의 350년 대대로 빚어온 가양주로, 한 집안의 얼과 정성이 깃들어 있다.

3. 경주교동법주 국가무형유산 지정과정

조선시대에는 봉제사 접빈객을 위해 집집마다 가문마다 고을마다 다양한 종류의 술을 빚어 마시는 문화가 형성되어 전통주의 전성기를 이루었다. 오랜 세월 이어져 내려오던 우리나라의 전통술은 일제강점기에 그 맥이 끊기게 되었다. 1909년 주세법 공포로 양조 면허를 받은 양조장에서 술을 빚게 되었다. 이에 따라 수백 종에 달하던 전통주가 없어지며, 우리나라의 술은 차츰 사라지게 되었다. 광복 이후에도 우리 술 문화는 쉽게 복원되지 못했다. 산업화와 전통 술 문화의 중요성에 대한 인식의 부족으로 조선총독부 치하의 주세행정이 그대로 이어졌다. 1950년 한국전쟁 이후에는 식량난으로 밀주 단속이 계속되었고, 1960년대에는 '양곡관리법' 제정으로 밀주 단속이 강화되면서 전통주의 설 자리가 사라졌다. 빛을 잃어가던 전통주는 1977년 식량사정 개선으로 탁주에 쌀 사용이 다시 허가됐다. 1988년 서울 올림픽 개최 준비 과정에서 전통주의 필요성이 제기되었다. 1980년대에 이르러서야 전통주를 발굴하여 무형유산으로 지정하려는 움직임이 시작되었다. 그러나 80년 가까이 단절된 시간을 극복하기는 어려웠다. 전통주는 각 집안에서 구전으로 비법을 전해오는 방식으로 이어져왔기 때문에 기록의 단서를 찾기가 어려워졌다.

문화재위원회에서 1982년 처음 조사할 당시에는 "전통민속주"로 지칭되었다. 1985년 11월 문화재위원회[15]에서 "우리 민족 고유의 우수한 전통 민속주의 제조기능이 생활 문화의 변천으로 점차 인멸되어 가고 있어, 이를 지정하여 전승 보존코자 한다."하여 이듬해인 1986년

15 그 당시 문화재위원회 2분과는 현 국가유산청 문화유산위원회 민속문화유산분과와 무형유산위원회의 역할을 동시에 수행하고 있었다.

문배주, 면천두견주, 경주교동법주를 '향토술담그기'부문에서 중요무형문화재로 지정했다.[16] 1986년 지정 당시의 명칭은 '중요무형문화재 제86호 향토술 담그기'이고 제86-가호 문배주, 제86-나호 면천두견주, 제86-다호 경주교동법주 등으로 세부 지정되었다. 2012년 5월 1일 문화재청 국가지정문화재(중요무형문화재) 지정번호 변경 고시를 통해 "중요무형문화재 지정 종목 중 세부 지정번호가 부여된 경우 한글 사용으로 인하여 지정체계에 혼란을 야 기할 가능성이 있으므로 지정 번호를 숫자로 통일한다"하여 가, 나, 다를 1, 2, 3으로 변경하였다. 경주교동법주는 '중요무형문화재 향토술담그기 86-다 경주교동법주'에서 '향토술담그기 86-3 경주교동법주'로 명칭 변경되었다. 2021년 11월 19일 문화재청에서 "문화재 지정(등록)번호 삭제 및 문화재명 표기 방식 변경"을 함에 따라 지정번호가 폐지되어 '중요무형문화재 경주교동법주'가 되었다. 2024년 5월 17일 국가유산청으로 개편되면서 국가무형문화재가 국가무형유산으로 변경되면서 "국가무형유산 경주교동법주"[17]로 명칭이 변경되었다.

1) 경주교동법주 중요무형문화재 지정과정

① 전통민속주를 조사하기로 심의 의결(문화재위원회 82년도 제7차 회의 12.22)[18]

---

16 국립무형유산원, 『술, 이야기로 빚다(2015년 국립무형유산원 특별전)』, 국립무형유산원, 2015, 11쪽

17 2024년 05월 17일 정부조직법 개정으로 문화재청이 국가유산청으로 개편되고 국가유산체계도 자연유산, 문화유산, 무형유산 등으로 변경하였다. 경주교동법주는 국가무형유산이다.

18 문화재관리국, 「문화재위원회 '82년도 제2분과 제7차 회의록(1982.12.22.)」『文化財 第16號』, 1982.

② 제1단계 조사(시도자체조사)

- 조사기간: 83.5~83.6(2개월간)
- 조사결과: 49종(기능자 64명) 조사보고
- 경상북도가 경주법주(보유자 배영신, 67세, 여, 경주시 교동 69) 추천

③ 주류관계학자 회의개최(83.9.13)

- 조사대상 민속주 선정: 8개 시도 13종
- 참석자: 서울농대 교수 이○호 등 6名
- 경주법주 선정됨

④ 민속주 조사 실무위원 구성(83.10.7)[19]

- 6개반 편성: 문화재위원 예○해 등 12명
- 현지 확인조사 실시 대상: 경주법주 등 13종
- 이○수(서울여자대학 조교수), 김○욱(문화재위원, 동국대학교 교수), 노○섭(서울보건전문대학 부교수) 조사실무위원이 경주법주, 안동소주, 김천과하주 등을 현장 조사함

⑤ 제2단계조사(문화재관리국 자체조사)

- 예비조사: 83.10.10~10.31
- 본조사: 83.11.19~84.9

⑥ 민속주 시음평가위원 구성(84.2.28)

- 위원: 유○종 등 8명

19 문화재관리국, 「문화재위원회 '83년도 제2분과 제5차 회의록(1983.9.30.)」, 『文化財 第16號』, 1983.

⑦ 시음평가

- 1차: 84.2.28 〈동동주 등 3종〉
- 2차: 84.3.27 〈송순주 등 3종〉
- 3차: 84.4.27 〈경주법주, 송절주, 이강주 등 3종〉
- 4차: 84.5.29 〈문배주 등 3종〉
- 5차: 85.4.12 〈청명주〉

⑧『무형문화재 지정조사보고서 第163호』'전통민속주(문배주, 면천두견주, 경주교동법주, 문화재관리국)' 작성 제출(1985년 5월): 문배주, 면천두견주, 경주교동법주

⑨ 중요무형문화재 지정 심의[20]

- 원안가결함
- 지정명칭: 鄕土술담그기
- 지정대상 및 보유자
    - 문배주 (보유자 이○찬)
    - 면천 두견주 (보유자 박○규)
    - 경주 교동법주 (보유자 배영신)

2) 제1대 경주교동법주 보유자 배영신

- 1986년 11월 1일 국가중요무형유산 '향토술담그기 경주교동법주' 보유자로 인정받음
- 아들 최경은 전수교육조교, 며느리 서정애는 이수자가 됨

20 문화재관리국,『문화재위원회 제4분과 회의록 제3차 회의록(1985.11.18.)』, 1985.

- 2004년 12월 명예보유자인정조사, 2005년 2월4일 명예보유자인정검토[21], 2005년 4월 8일 명예보유자 인정 심의 등을 거쳐 2005년 4월 20일 경주교동법주 명예보유자가 됨
- 2014, 04. 04. 별세

3) 제2대 경주교동법주 보유자 최경 지정

- 2005. 12. 28. 중요무형문화재 제86-3호 경주교동법주 보유자
- 1994. 07. 01. 중요무형문화재 제86-3호 경주교동법주 보유자후보
- 1986. 11. 01. 중요무형문화재 제86-3호 경주교동법주 전수교육조교

최경은 2005년 12월 28일 보유자 인정 검토, 2006년 3월 3일 경주교동법주 보유자 인정 심의를 거쳐 보유자로 지정되었다. '경주교동법주'보유자 인정 검토 회의록[22] 내용 중에 조사위원 3명이 최경에 대한 평가내용을 소개한다. 최경의 경주교동법주에 대한 전수되는 기술 뿐만 아니라 개인적인 열성과 품성 등을 알 수 있는 자료이다.

· 이○지(문화재전문위원)
- 경주 교동법주는 경주시 교동에있는 최씨 종가댁에서 여러대를 걸쳐 빚어온 비주秘酒임. 최부자집은 10대에 걸쳐 1만석, 9대에 걸쳐 진사를 지내온 명문가인 만큼 이 법주를 빚는데 비용을 아끼지 않고 최고의 주질을 갖는 청주인 법주를 빚어오고 있음. 배영신은 1917년생으

---

21 문화재청, 「무형문화재분과 회의록」『문화재위원회 회의록(하2-1권) 무형문화재분과·천연기념물분과』, 2005, 31~32쪽

22 문화재청, 「무형문화재분과 8차 회의록」『문화재위원회 회의록(하2-1권) 무형문화재분과·천연기념물분과』, 2005, 199~202쪽

로 88세의 고령으로 건강상 더 이상 법주를 빚을 수 없는 상태임. 마침 배영신의 아들인 최경과 며느리인 서정애가 계속하여 법주 빚는 일을 도와왔으므로 능숙하게 빚을 수 있었음.

- 본 조사위원이 수차례에 걸쳐서 현지를 방문하여 누룩디디기, 누룩띄우기, 밑술담그기, 덧술담그기, 용수박아 술뜨기, 술 항아리보관 및 숙성 등 여러 과정을 관찰한 결과 기능보유자의 양조기술을 전수받아 교동법주가 법대로 잘 전수될 수 있다고 판단되어 최경을 후계자로 기능보유자로 지정받을 수 있다고 생각되어 추천함.

· 박○담(숙명여대 객원교수, 한국전통주연구소장)

- 경주교동법주는 국내 중요무형문화재 가운데서도 드물게 전통 청주의 제조법과 곡주로서의 고유한 맛, 향취를 잘 간직하고 있다고 판단됨.
- 그 예로 교동법주 기능보유자 후보 최경의 양조과정에 따른 이해와 기능, 술독의 관리, 그리고 숙성과정에 따른 일련의 작업을 들 수 있음.
- 먼저, 발효제로서의 누룩을 제조에 따른 일련의 과정을 살펴보니, 재료가 되는 밀을 손수 맷돌을 이용하여 통밀을 파쇄 함으로써, 밀가루의 생성이 적어 반죽에 따른 수분의 분포가 고르게 되어 발효가 잘 일어나고, 누룩 곰팡이의 균사도 고르게 피어남. 전통주의 제조에 향미가 으뜸이라고 하는 황곡균의 생성을 볼 수 있었으며, 완성된 누룩은 사용 전 반드시 법제하여 잡균제거와 곰팡이 냄새 등 나쁜 냄새를 제거한 후 분쇄하여 보관함.
- 둘째, 술을 발효시킬 독은 오지독을 사용하는데 밑술의 양과 덧술의 양에 80%를 채울 수 있는 적합한 크기로 선정, 최상의 발효를 도모하고 있었음. 또한 사용 후의 독과 여분의 독은 항상 끓인 물을 가득 담아 우려내고 청결한 공간에 두었다가, 술 빚기에 사용할 술독은 밑술용과 덧술용을 구분하여 볏짚을 태운 연기로 살균 소독하여 그을음을 씻어내고, 차게 식혀 사용하는 등 위생관리에 철저를 기하고 있었음.
- 셋째, 밑술은 이양주에서 매우 중요한 관건으로, 그 정도에 따라 본술의 발효정도는 물론이고 술의 풍미가 달라지며, 특히 알코올도수를 결정짓는 중요한 요소가 되는데, 밑술의 원료로 사용되는 찹쌀죽은 무르게 잘 퍼진 상태로 만들어서 식힌 후에 누룩가루와 섞어 비비는데, 규칙적인 손놀림과 힘의 강약이 일정하게 반복되게 하여 술밑을 제조하고 있었음. 특히 술밑을 버무리는 그릇에서 한방울의 쌀죽도 남기지 않고 깨끗하게 처리함으로써, 재료의 배합에 정성을 다하는 것을 볼 수 있었음.

- 넷째, 덧술은 찹쌀을 물에 깨끗하게 많이 씻어서 증기를 이용하여 찐 상태의 고두밥을 지음. 고두밥은 익숙한 솜씨가 아니면 힘들다 싶을 정도로 익은 정도가 되지도 질지도 않은 매우 고른 상태로, 밑술과 누룩을 혼합하여 술독에 담아 안치는데, 특히 밑술과 덧술로 사용되는 물과 누룩이 고루 혼합되도록 힘쓰고, 특히 재료의 낭비를 목격할 수 없을 정도로 익숙한 손놀림을 엿볼 수 있었음.
- 다섯째, 술밑을 안친 술독은 먼지나 벌레 등 일체의 이물질이 유입되지 않도록 삼베로 덮어 밀봉하는데, 삼베보자기는 공기의 유입이 비교적 원활한 까닭에 발효시 생성되는 이산화탄소의 배출을 자연스럽게 유도하는 한편으로, 술의 품온이 지나치게 상승하는 것을 막기 위한 배려에서 비롯된 지혜라고 할 수 있음.
- 여섯째 술을 발효시키는데 있어, 술독을 누비이불로 싸매서 온도가 일정한 발효실에 두는데, 이때의 누비이불은 주변의 온도변화에 의해 술독의 품온이 변화되는 것을 막기 위한 조치임.
- 일곱째, 경주교동법주는 여느 무형문화재와는 다르게 저온 장기 발효주라는 사실과 관련하여, 주질의 유지를 위한 철저한 온도관리에 힘쓰지 않고서는 그 제조가 불가능하다. 따라서 안전한 발효와 숙성을 위하여 경주교동법주에서는 발효 숙성실의 온도를 달리하는, 환언하면 사입실과 발효실, 발효 숙성실, 저장실 등 단계적으로 발효와 숙성에 따른 공간의 온도를 낮추어 진행시키는 노력을 꾀하고 있는 것을 목격할 수가 있음.
- 이상 예로 든 일련의 과정만 보더라도 경주교동법주가 최상의 품질과 곡주 특유의 향취를 유지, 중요무형문화재로서의 자격을 획득하고 있다고 판단되며, 이는 기능보유자 배영신에 이은 기능보유자 후보 최경의 양조기능과 자질에 하등의 문제가 없는 것으로 여겨지며, 무엇보다 오랜 세월동안 갈고 닦은 숙련된 솜씨와 술의 발효에 대한 올바른 이

해가 없이는 기대할 수 없는 것으로 판단됨.

· 정○진(계명대 교수)

- 경주교동법주의 보존과 전승을 위하여 그간 많은 노력을 하였던 점이 확연하고 국가적 명주로 계승 발전이 요구됨.
- 최경씨의 성품과 그간의 과정을 볼 때 지나칠 정도로 고집스럽게 잘 보존하고 있었으며 전승계보가 확실하고 기량이 완벽하게 재연되고 있음.
- 그러나 국가적 차원의 명주로서 보존가치를 높이기 위하여 이론적 측면보다 체계적인 당위성이 있어야 할 것으로 생각됨.
- 전승경력이 충분하고 자질, 건강면에서도 교동법주의 계승발전에 차질이 없을 것으로 생각됨.
- 향후 국가적 명주로 계승 발전을 위하여 교동법주의 우수성과 차별성 부각을 위하여 전통 누룩 특유의 향기 성분과 당성분 조성(올리고당), 색상변화 규명 등의 연구가 뒷받침되면 좋을 듯함.

II

제2대
경주교동법주
보유자
최경의 술빚기

제2대 경주교동법주 보유자 최경의 술빚기

1. 경주교동법주의 재료 : 물, 찹쌀, 밀

법주의 원재료는 찹쌀하고 누룩하고 물 하고, 요 세 가지 밖에 없습니다. 다른 부원료는 전혀들어가지 않아요.

1) 양조용수, 물

1982년부터 시작된 국가무형유산 지정을 위한 전통민속주조사표에서 가장 먼저 등장하는 술빚는 재료는 물이다. 제1단계 시·도 자체조사의 전통 민속주 조사표[23]에서 사용하는 물이 샘물, 우물 등 구체적으로 적시하도록 했고, 문화재위원회가 문화재위원과 관계학자 등으로 실무조사단 구성하고 예비조사와 본조사를 할 때 사용한 전통민속

---

23 1983년 5월부터 제1단계 시·도 자체조사 때 사용한 전통민속주조사표이다. 이 조사표를 통해 보고된 전통민속주는 12개 시·도 46종(기능자 64명)이다. 이 때 경상북도에서는 경주교동법주, 안동소주, 김천과하주, 선산약주, 문경호산춘, 대구하향주 등을 함께 추천하였다.

주조사표[24]에서도 수질검사 항목까지 추가했다. 그만큼 술빚는 재료에서 물이 차지하는 비중이 높다는 것이다. 경주교동법주를 빚을 때도 양조용수인 물이 중요하다.

"경주시 교동 69번지에 위치한 우물은 이 집이 이건 건축할 때 함께 축조되었다. 우물 내부를 자연석으로 축조한 재래식 우물로서 상부에 뚜껑을 만들어 놓아 보존 관리상태는 양호하다. 우물의 크기는 직경 1.3m, 깊이 5m정도이고, 계절에 관계없이 수량 및 수온이 항상 일정 범위 내에 있으며 음료수의 수질 기준에 적합하다."[25]

"옛날부터 좋은 술을 빚는데 첫번째 조건으로 좋은 물이 있어야 한다는 것은 하나의 상식이다. 그만큼 술맛과 물맛의 상관관계는 밀접한 것이며, 다른 민속주 조사를 통하여서도 이 점은 충분히 입증되고 있다. 옛부터 우리 조상들은 물을 중요시하여 물의 맛과 빛깔, 무게를 따지고 둥근 물과 모난 물을 (선택하여)가려서 사용하였다. 둥근 물은 술을 빚을 때 사용하고 모난 물은 약을 달이는데 사용하였다. 술의 분자 구조와 과학적인 이론도 모르던 시절에 둥근 물과 모난 물을 가려서 사용하였다는 것은 놀라운 일이 아닐 수 없다. 물맛과 술맛의 관계는 그만큼 밀접하고도 중요함이 있음을 암시하는 것으로 물은 술 제조의 기본 조건임을 알 수 있다. …우물 옆에는 족히 100년이 넘는 구기자나무 한 그루가 서 있다. 이 나무의 뿌리가 샘에 닿아 물맛을 좋게 한다고 하여 소중하게 다루고 있다. 경주교동법주의 신비

---

24 1983년 10월부터 문화재위원과 관계학자들로 구성된 조사단이 사용한 전통민속주조사표이다. 제1단계 시·도 자체조사에서 보고된 12개 시·도 46종(기능자 64명) 가운데 다시 8개 시·도 13종을 선정하고 이 조사표에 의해 예비조사와 본조사를 실시했다. 이때 선정된 13종은 서울 삼해주, 문배주, 경기 동동주, 충북 청명주, 한산 소곡주, 면천 두견주, 김제 송순주, 이리 이강주, 진도 홍주, 경주 법주, 안동 소주, 김천 과하주, 제주 소주 등이다.

25 문화재관리국,『무형문화재지정보고서제163호 전통민속주』, 1985년, 116쪽

한 맛을 내는데는 꼭 이 우물물이 있어야 한다. 옛부터 물맛이 좋기로 소문 나 있다."[26]

1990년대 태풍으로 우물에 지표수 유입 오염이 발생해 이후에는 술의 용수로 쓰이진 않는다. 마당에 있는 우물과 우물물을 더 이상 경주교동법주 술 담는데 직접 사용하지 않는다. 구기자 나무도 죽어서 없어졌다. 현재 일반 물을 끓여서 양조용수로 사용한다. 하지만 법주의 독특한 향과 맛은 여전하다. 그 특별함은 물이 아닌 사람과 사람의 정성에 있다.

마당에 있는 우물은 오염되어 더 이상 법주를 담는데 직접적으로 사용하지 않는다.

26 국립문화재연구소, 『한국의 중요무형문화재⑧ 중요무형문화재 86-다호 경주교동법주(慶州校洞法酒)』, 1998, 28~29쪽

일반 물을 끓여서 양조용수로 사용한다. 하지만 법주의 독특한 향과 맛은 여전하다. 그 특별함은 물이 아닌 사람과 사람의 정성에 있다.

마당에 우물은 사용을 못 합니까? 사용할 수 있는데 지금 현재 사용이 안 되요. 왜냐면 그때 오셔도 안 되는 이유가 우물가에 이렇게 닫아놨던 거 지하수로 요즘 많이 뽑아 쓰잖아요. 그걸 위에서 바로바로 다루박(두레박)으로 할라 하면은 몇 달을 물을 퍼줘야 가에 이끼가 살아요. 그 이끼가 살아야 그 물을 사용하는 거 위에서 해야 좋아요.

우물은 이제 다 오염이 됐죠? 예. 오염이 뭐 백프로 이렇게 백프로 완전히 못 쓰게 오염 된 건 아니지만 그때보다는 못하죠. 수질검사에 음용수에는 부적합해요. 이런 거(밀, 찹쌀 등) 씻고 하는 거는 상관없는데. 그래서 이제 술을 담을 때에는 저 물을 사용하면 끓여서 앉혀서 밑에 앉는 앙금을 다 제거하고 (사용)해야 되요. 물을 원래 끓여서 하기 때문에. 그래서 저 물이나 그냥 수돗물이나 물을 끓여서 하는 거는 다 똑같아요. 생수로 쓰는 거는 완전히 다를 수가 있어요. 수돗물은 화학약품이 들어가잖아요. 수돗물을 사용하더라도 끓여서 24시간 재워서 그래서 사용해요. 그 다음 우물물도 끓여서 24시간 재우면 밑에 앙금이 앉잖아요. 앙금을 제거 후에 사용해야 돼. 그게 좋은 물이라기보다는 좋은 물도 끓이면 똑같아 진다는 걸 말씀 드리는 거예요.

2) 최상의 술로 만드는 찹쌀

술을 담그는데 사용하는 주원료는 찹쌀이다. 찹쌀은 우리나라 전래

1 최상의 술로 만드는 찹쌀
2 경주교동법주는 찹쌀을 주원료로 하는 최고의 가양주이다.

의 토종 찹쌀을 사용한다. 그 외 다른 재료는 전혀 사용하지 않는다.[27] 찹쌀은 밑술을 만드는데 사용되는 죽과 덧술의 고두밥을 만드는데 사용한다. 대부분 고급 술이래야 기껏 맵쌀로 만드는 것이 고작인데 비해 경주교동법주는 찹쌀을 사용하는 만큼 최상의 술인 것이다. 2024년 사용하는 찹쌀은 경주 안강을 중심으로 의성, 영천 등에서 구입한다.

찹쌀은 어디 찹쌀입니까? 이거는 경주 안강이라는 데가 있어요. 거기가 농사를 찹쌀이나 멥쌀을 많이 지어요. 거기서 못 구하면 또 많이 짓는 데가 의성 영천 그런데 가서 구입을 해. 지금은 찹쌀을 많이 쓰지 않으니까 전부 안강에서 다 하고 있어요.

이 찹쌀은 1년 걸 한번에 구입해서 놔두시나요 아니면 그때 그때 구입해서 그때 그때 도정해 가지고 네. 전번 담을 때 가져온 거 요 오늘 대비해서 놔둔 거

27 문화재관리국, 앞의책(1985), 116쪽

1 찹쌀 고두밥
2 찹쌀 고두밥과 밑술로 덧술을 담근다.

예요. 그래서 그 날짜가 얼마 차이 없어요. 그러면 이제 우리가 오늘 담는다 하면 2~3일 전에 도정을 하잖아요.

그때 그때 바로 예. 그래 우리 도정하는 걸 제일 싫어해요 도정공장에서. 일반으로 하면 우리 원(래 보다) 10프로 더 깎는다고. 돈을 10프로만큼 더 내란 소리는 못 하잖아. 조금은 더 요구를 할 수 있어도 그걸 안 하거든요. 그래 싫어하잖아. 기계를 예를 들어서 10프로 더 깎는데 이 회전이 이 쌀을 들어가서 다시 도정기 거쳐가 나오는 걸 두 번 더 하느냐 세 번 더 하느냐 네 번 더 하느냐 여기에 따라가 프로티지가 올라가는데 그래 그게 그만큼 시간이 많이 걸리잖아. 전기료 뭐 인건비 다 많이 걸린대.

1년에 찹쌀 소비량이? 보통 2만 한 7~8천 킬로. 찹쌀을 깨끗이 씻는 거는 이 찹쌀을 보면 일반 밥 해먹는 쌀보다 더 많이 깎아서 했기 때문에 가에 보한 먼지가 많이 묻어 있어요. 그러면 눈을 없애고 했기 때문에 그 보한(하얀) 걸 다 씻어내야 되요.

도정을 얼마나 한 겁니까? 도정은 보통 그 12분도 이렇게 하는데 거기에서 한 10프로 더 해서 쌀눈을 떨어뜨리는 겁니다.

쌀눈을 왜? 쌀눈이 있으면 술이 발효될 때 안 좋은 현상이 있어요. 그건 뭐냐 하면 쌀눈 자체가 쌀이 싹을 틔우는 현상이 쌀눈에서 일어나잖아요. 그러면 거기에서 모든 말하자면 그 안에 쌀 전체의 단백질의 양분을 갖고 싹을 틔우는데 그것이 없고 안에 순수한 단백질로서 술을 담으면 실패율이 없고 맛도 좋고. 맛이 뒷맛이 깨끗해요. 비교를 하면 외국에는 30프로에서 50프로까지 깎아요 쌀 한 알에. 그렇게 동글동글하게 깎는데 우리나라 도정 기술은 아직 그렇게 되지 않기 때문에 한 10프로 정도에서 최고 15프로 정도 더 깎아내요. 우리가 15프로까지 깎아 가지고 했는데 15프로 깎으니까 너무 쌀이 많이 파손이 돼. 그래서 10프로로 이제 고정 시켜서 깎고 있어요.

요즘 경주 안강에 위치하고 있는 신ㅇ정미소(대표 장ㅇ호, 1955년생)[28]에서 요즘 주로 공급을 받는다. 신ㅇ정미소에서는 안강을 비롯하여 인근 농가에서 동진 등의 찹쌀을 구입하여 그때그때 도정하여 경주교동법주에 공급한다. 일반 도정은 12분도로 하는데, 경주교동법주의 찹쌀은 14분도 일반 찹쌀보다 한번더 도정한다. 찹쌀 공급은 한번에 1,200kg정도씩으로, 연간 2만 7~천kg을 공급한다. 1~3월까지 가장 많이 공급하고, 7~8월 한여름은 피해서 납품한다.

3) 술맛을 좌우하는 누룩 만드는 밀

경주에서 자란 박목월은 밀밭을 배경으로 유유자적하는 나그네의

28 신ㅇ정미소, 경주시 안강읍 안현로 1674

모습을 청록집 '나그네'의 시에 표현했다.

강나루 건너서 밀밭 길을
구름에 달 가듯이가는 나그네
길은 외줄기 남도 삼백리
술 익는 마을마다타는 저녁놀
구름에 달 가듯이 가는 나그네

박목월 1915년 태어났을 당시 경주 인근에는 밀을 많이 재배했고, 그 밀로 누룩을 만들고, 술을 빚어 먹었다는 사실을 "나그네" 시에서 짐작해 볼 수 있다. 술맛을 좌우하는 누룩의 주원료인 통밀은 우리나라 토종인 재래종 밀을 수확하여 잘 말려 두었다가 사용했었다. 누룩제조의 원료로는 우리나라 재래종인 통밀을 사용하며 누룩을 띄울 때는 보

누룩의 주원료, 밀. 누룩은 술의 색과 향, 맛을 결정하는 중요한 재료이다.

1 국산 밀이 외국산 밀에 비해 2배 이상 가격이 높지만, 술의 풍미와 다양함은 우수하다.

2 국산 밀로 만든 누룩은 당도가 높고 맛과 향이 진하다.

리짚이나 약쑥을 이용한다.[29] 예전에는 직접 재배했지만 1997년 기록영화와 기록도서를 제작할 당시에는 믿을만한 농가와 계약 재배를 하여 토종을 쓰고 있다고 하였다.[30] 2024년 기록영화 제작 때는 밀양에서 가져온 우리밀을 사용했다.

밀양에서 가지고 왔어요. 전에는 이 부근에 밀이 있었는데 지금은 경주에 밀 생산이 없어요. 토종이라고 해도 국내산이지 우리나라 진짜 토종은 아니에요. 없습니다. 토종 밀이 아예 없습니다. 지금 현재는 우리나라 전체가 이 밀을 사용하기 때문에 거의 똑같다고 보시면 됩니다. 그게 하나의 표준이 된 거예요.

밀은 역사적으로 주식인 쌀이나 보리보다는 적었으나, 일제강점

29 김동욱·노완섭, 「경주법주」『無形文化財指定調査報告書第163號 傳統民俗酒』, 1885, 文化財管理局, 117쪽

30 국립문화재연구소, 앞의책(1998), 27~28쪽

경주교동법주 누룩은 통밀의 밀가루와 밀기울을 멥쌀죽으로 섞어 만드는 독특한 방식이다.

기 후반에 약 33만 톤이 생산되었다고 한다. 그러나 한국전쟁 이후 미국의 무상원조와 70년대 값싼 해외 밀 수입 정책으로 국내 밀 생산 기반이 무너졌으며, 국내 밀 자급률은 90년대 1% 이하까지 하락하였다. 국내 밀 생산량 감소에도 불구하고 소비량은 1970년대 이후로 1인당 연간 30kg 이상을 소비하고 있다. 최근에는 기후 변화와 세계 정세 불안정으로 국제 밀 가격변동이 커지고 있으며, 이에 우리 정부는 밀 자급률을 높이고 국산 밀 생산을 안정화하려는 노력이 정책적으로 이루어지고 있다.[31]

우리밀은 우리나라에서 재배한 밀을 가리킨다. 외래종도 우리 땅에서 재배했다면 우리밀로 분류된다. 토종밀과 우리밀은 구분된다. '토종'은 우리나라 고유의 종자를 뜻한다. '앉은뱅이밀'은 토종밀이다. 일본이 1900년경에 실시했던 한국토지농산조사에 의하면 우리나라 여러 지역에서 밀의 키 크기에 따라 앉은뱅이밀, 낮장이밀, 키다리밀 등 다양한 형태의 밀로 분류될 만큼 유전적 특성이 풍부했다. 해방 이후에 우리나라의 초기 밀 품종은 앉은뱅이밀에서 유래된 품종을 이용해

31 이종태(경상남도농업기술원 작물연구과 연구관), 「오피니언농정일기, 토종밀에서 새로운 품종을 만든다」, 『경남뉴스』, 2025.04.04. 09:00, https://www.gnnews24.kr/news/articleView.html?idxno=27450

1 누룩방에서 볏집을 밑에 깔고 20일 정도 띄운다.
2 누룩은 건조과정에서 포자가 만들어져 오랫동안 보관할 수 있고 술의 풍미를 더한다.

서 육성되었다. 앉은뱅이밀은 현재 앉은키밀로 불린다. 앉은뱅이밀은 2013년 국제슬로푸드생물다양성재단의 '맛의 방주Ark of Taste'에 등재된 종자다. 맛의 방주란 사라질 위기에 처한 음식과 종자를 찾아 기록하고 널리 알리는 국제적인 프로젝트다. 맛의 방주에 앉은뱅이밀이 등재된 것은 국내 유일의 토종밀이 위기에 처했다는 뜻이기도 하다. 앉은뱅이밀은 이름처럼 키가 다 자라도 50~80cm로 작고 대가 단단하다. 덕분에 거센 바람이 불어도 쉽게 쓰러지지 않는다. 밀은 한번 쓰러지면 수확을 못 하는 경우가 많다. 앉은뱅이밀로 만든 가루는 일반 밀가루에 비해 단백질 함량이 낮아 소화가 잘 되는 편이다. 제분하고 남은 밀기울은 맛 좋고 효과 높은 누룩을 만드는 재료로 활용된다.

국산 밀로 만든 누룩은 당도가 높고 맛과 향이 진하다. 비록 국산 밀이 외국산 밀에 비해 2배 이상 가격이 높게 형성됐지만, 술의 풍미와 다양함은 우수하다. 일단 국산 밀은 외국산 밀보다 누룩 제조 성공률이 높으며, 외국산 밀은 바다 건너 수입되는 과정에서 해충 방제용 훈증으로 유익균이 사멸돼 발효 성능도 떨어진다.

누룩을 띄우고 난 뒤 하루 정도 햇볕에 앞뒤를 뒤집어 가며 바싹 말린다.

2024년 경주교동법주 누룩을 만들 때 사용하는 밀은 밀양에 위치하고 있는 풍○농산영농조합에서 구입한 밀이다. 풍○영농조합에서 백강밀, 신백강밀, 금강밀 등을 주위 영농자들로부터 수매한다. 그중에 백강밀을 가장 많이 거래한다. 현재 생산량이 많은 우리밀로는 금강, 조경, 백강, 백중 등 개량종이 있다.

누룩의 맛과 품질을 정하는 것은 원료인 밀이라고 한다. 술맛을 결정짓는 것 중 하나가 바로 '누룩'이다. 누룩은 술을 빚는 핵심 재료이자 높은 품질과 맛을 좌우하는 원천이다. 특히 국산 밀로 만든 누룩은 당도가 높고 맛과 향이 진해 품질이 좋은 술을 빚을 수 있다.

2. 경주교동법주 빚는 도구

2024년 경주교동법주를 담은 양조용구는 1997년 처음으로 기록할 때와 비교했을 때 재질이 바뀐 소모품 몇가지를 제외하고는 거의 변하지 않았다. 술독으로 쓰이는 항아리. 채주할 사용하는 용수, 누룩가루 내는 체, 누룩 디디는 누룩틀 비롯하여, 나무주걱과 놋쇠주걱, 소쿠리, 옹가지(버지기, 너리기), 박바가지, 함지박, 봉태기, 바가지, 시루, 시루망구지, 시루띠, 시루방석, 식기, 삼베보자기, 보온용 이불 등은 동일하다. 솥은 알루미늄 솥으로, 대나무 소쿠리에서 플라스틱 소쿠리로 정도로 재질만 바뀌었지 그 외는 거의 같았다.

가장 큰 변화는 아궁이의 변화다. 나무를 때어서 삶고 찌던 맵살죽과 찹쌀고두밥, 양조용수는 가스불로 대체되었다. 술빚는 도구가 변화지 않았다는 것은 술빚는 방법도 변화되지 않았다는 사실을 증명하고 하고 있다. 술빚는 방법이 변화지 않았으니 향, 맛, 색 등의 풍미도 그대로이다.

1 술독(항아리)
2 개량형 스테인레스 주모용기

① 술독, 술항아리(지름 65cm, 높이 76cm 정도)

한 섬들이 큰 독은 덧술을 빚는데 사용하고, 작은 독은 밑술을 담글 때나 채주하여 숙성을 시킬 때 사용한다. 지금은 항아리 대신에 바퀴가 달린 원통형 스테인레스 용기를 주고 사용한다(지름 36cm 높이 52cm, 지름 50cm, 높이 70cm). 술항아리가 무겁고 움직이기 어렵고 깨어지기가 쉬운 불편함이 많다. 지금은 항아리 대신 바퀴가 달린 원통 스테인레스 용기를 사용하고 있다.

② **용수**(지름 25cm, 높이 77cm)

대나무로 촘촘하게 엮은 원통형 자루 모양으로 술을 거르는 여과장치이다. 술이 익으면 술항아리에 용수를 박고, 그 안에 고인 술을 떠낸다. 술항아리가 옹기에서 알루미늄으로 바뀌었지만 채주하는 용수는 옛 것을 그대로 사용한다.

③ **주걱**(놋쇠주걱 길이 35cm, 나무주걱 길이 60cm)

놋쇠주걱과 나무주걱 두 가지 종류이다. 놋쇠주걱은 찹쌀고두밥을 찌고 말리 때나 밑술과 덧술을 섞을 때 사용한다. 나무주걱은 멥쌀죽과 누룩을 섞을 때, 밑술의 찰쌀죽을 쑬 때 사용한다. 나무주걱은 닳아서 다른 것이나 놋쇠주걱은 1997년와 동일한 것이다. 주걱 모양은 일반 가정의 것과 같다.

1 용수
2 놋쇠주걱
3 나무주걱

1 체

2 누룩틀

④ **체**(지름 44cm, 높이 14cm)

누룩을 빻아서 가루를 낼 때 사용한다. 쳇바퀴에 제1대 기능보유자 배영신이 쓴 "경주 1992, 11, 29 임신시월초길일oooo" 명문이 있다.

⑤ **누룩틀**(지름 26cm)[32]

누룩의 형태를 만들 때 사용하는 원형의 나무바퀴이다.

⑥ **식기**

일반적인 놋그릇과 같다. 누룩 띄우고, 밑술과 덧술 담글 때 재료의

32 누룩틀은 누룩고리라고도 한다. 술을 공부하면서 가장 먼저 구입하게 된 것이 이 누룩틀이었다. 처음에는 어떤 형태이든 한두개만 있으면 될 것이라고 생각했는데, 누룩제조를 시작하면서 누룩틀의 크기와 형태가 누룩의 품질에 상당한 영향을 미친다는 사실을 깨닫게 되었다. 하여 수집한 누룩틀의 가짓수가 80여개에 달했다. 이 누룩틀을 한데 모아 놓고 보니, 형태는 둥글거나 네모진 원형과 방형이 있고, 재질은 나무판재와 통나무, 철, 소나무뿌리, 새끼와 판재, 등으로 다양하였는데, 크기나 두께는 천차만별로 다양했다. 문제는 똑 같은 누룩틀이 단 한 가지도 없다는 것이다. 이는 누룩틀은 만들어 파는 기물이 아니었다는 사실이다. 다른 가정용 기물들이 만들어 파는 누룩틀이 아닌, 손수 자가제조를 할 수 밖에 없는 이유가 무엇이었을까? 결론적으로 누룩틀의 형태와 크기는 지역마다의 기후와 환경의 영향을 받게 되어 있어, 우리의 전통주가 가양주(家釀酒)에 뿌리를 두고 있다는 사실의 반증이고, 누룩틀에 그 집안의 가양주 주질이나 맛, 향, 색깔에 결정적인 역할을 한다는 결론을 얻게 되었다.(박록담의 지상갤러리/누룩틀 : 박록담 | Facebook, 2025년 1월 3일, https://www.facebook.com/profile/100000947184633/search/?q=지상갤러리%누룩틀)

1 식기(경주교동법주 되)
2 시루
3 시루방석
4 채반

비율을 이 식기로 계량한다. 무게와 양을 재는 저울 역할을 한다고 '법주되'라고 한다.

⑦ **시루**(지름 60cm, 높이 40cm), **시루덮개**(지름 77cm), **시루띠**(길이 226cm, 폭 10cm)

덧술을 담기 위해 고두밥을 찔 때 사용한다. 시루덮개와 시루망구지는 시루를 덮거나 받칠 때 쓴다. 항아리 시루를 사용한다. 시루덮개도 고무덮개로 바뀌었다. 시루를 올릴 때 광목으로 만든 시루띠는 사용한다.

⑧ **채반**(지름 60cm)

고두밥을 찔 때 시누 밑바닥에 놓고 찹쌀이 밑으로 빠지지 않게 한다.

1 대나무 소쿠리
2 옹가지
3 박바가지
4 자루 달린 나무 바가지

⑨ 소쿠리

대나무 소쿠리는 여러 가지 크기가 있다. 플라스틱 소쿠리를 사용한다. 밀, 멥쌀, 찹쌀 등 재료를 씻고 건지고, 말리 때 사용한다.

⑩ 옹가지(버지기, 너리기, 밑술용 높이 40cm, 지름 57cm, 덧술용 높이 40cm, 지름 70cm)

밀, 쌀, 찹쌀 등 재료를 씻을 때, 누룩과 찹쌀죽을 섞어 밑술 담글 때, 밑술과 고두밥을 섞여 덧술 담글 때 사용한다.

⑪ 바가지(박바가지 길이 20cm, 나무바가지 길이 37cm)

용수 안에 고인 술을 채주할 때 사용하는 박바가지다. 자루 달린 나무바가지는 누룩, 찹쌀 등 가루나 알곡을 퍼낼 때 사용한다.

1 원형함지박
2 사각함지박
3 삼베보자기
4 보온용 이불

⑫ **함지박, 봉태기**(지름 60cm 높이 17cm)

누룩, 밀, 쌀, 찹쌀 등 주로 마른 알곡을 담거나 섞을 때 사용한다.

⑬ **삼베 보자기**(가로 60cm, 세로 60cm)

밑술과 덧술이 숙성될 때 술항아리 입구는 덮는다. 공기 유통이 원활한 삼베 보자기다.

⑭ **보온 이불**(가로 200cm, 세로 85cm)

밑술과 덧술을 숙성시킬 때 온도 조절용으로 술독을 감싼다.

술잔

⑮ **술잔**(지름8cm, 높이 5cm)

봉제사 접빈객을 할 때 경주교동법주를 이 술잔이 담았다. 특히 이 술잔은 경주교동법주 미황색 그 빛깔과 가장 잘 어울리고 돋보이게 한다.

⑯ **경주교동법주 술병**(지름 30cm, 높이 14cm)

경주교동법주 송학1호 : 구성 900㎖ / 알콜도수 : 17%

경주교동법주 송학2호 : 구성 900㎖+900㎖ / 알콜도수 : 17%

명문 "교동법주 중요무형문화재 제86-3호 기능보유자 최경"

⑰ **돌절구**

띄운 누룩을 빻은데 사용한다. 앞마당 우물가에 있다. 아주 오래되어 절구의 호박이 매우 깊다. 절구공이는 무쇠이다.

⑱ **맷돌**

누룩을 만들기 위해 통밀을 갈 때 사용한다.

맷돌은 몇 년 정도 된 겁니까?

이거는 몇 년 됐는지는 우리가 기억을 못 해요. 내려오던 거니까. 저기 저 작은 거, 이쪽에 풀매

1 돌절구
2 맷돌

라고 또 콩 가는 것도 따로 있어요. 옛날에는 콩 가는 게 여기가 홈이 파여 가지고 이렇게 올라왔다고. 그러면 아궁이가 요래 주둥이가 요래 나와 있고. 여기다가 걸어놓으면 콩을 갈아가 물하고 같이 부으면 콩국물이 욜로 떨어져.

한 100년 정도 된 거예요? 그거는 확실히 모르게 연대를 몰라요. 저거는 지금 자루 없이 저것도 저기다 한 부리고 지금 집에 세 가지가 있는데 용도가 다 틀려요. 이게 제일 집에 있는 거는 큰 거고, 이거보다 조금 적은 거. 그 다음에 이제 콩국물 뭐 만드는 깨국물 만드는 거 그거. 그건 주로 옛날에 이름이 풀매라 그래 풀 쑬 때 쌀을 갈아가지고 하는 거. 그거는 쌀 갈아가 하는데 물도 같이 있어야 되잖아. 이거는 그냥 마른 거지만. 그러니까 그거는 아구리가 요래 튀어나와가 물 같이 해가지고. 그럼 그 받아서 그대로 풀을 끓였어. 그럼 옛날에 그 풀이 옷에 먹이는 풀도 되고 집 바르는 창호지 바르는 풀도 되고 그래요.

3. 경주교동법주 빚는 과정

1) 누룩띄우기

(1) 누룩의 특징

술을 만드는 효소를 지닌 곰팡이를 곡류에 번식시켜 만든 발효제이다. 분쇄한 밀이나 쌀, 밀기울 등을 반죽하여 모양을 만들고 적당한 온도에서 숙성시켜 만든다. 어떠한 누룩이든 그 용도는 술을 만드는 곰팡이를 번식시킨 것이며, 그 재료는 곡류이다.

경주교동법주를 빚기 위해서는 제일 먼저 누룩을 준비한다. 누룩은 술의 색과 향, 그리고 맛을 결정하는 중요한 재료이다. 가양주를 만드는 집안마다 누룩을 만드는 재료와 방법에 있어서 나름의 비법과 비방이 있었다.

전통 누룩은 만드는 방법, 재료, 시기, 형태, 빛깔에 따라 각기 다른 이름이 붙여졌다. 재료가 밀이면 밀누룩, 쌀이면 쌀누룩, 보리를 사용하면 보리누룩이다. 시기별로 봄(1~3월)에 만들면 춘곡春麯, 여름(4~6월)에 만들면 하곡夏麯, 가을(7~9월)에 만들면 추곡秋麯 또는 절곡節麯이라고 하였고, 겨울(10~12월)에 만들면 동곡冬麯이다. 원료를 가루 내어 일정한 형태로 뭉쳐서 만든 것이면 병곡餠麯(막누룩, 조곡粗麯), 낟알이나 곡분으로 만들면 산곡散麯(흩임누룩)으로 부르고, 황곡黃麯, 백곡白麯, 흑곡黑麯, 홍곡紅麯 등 색깔에 따라 구분한다. 각각의 곰팡이 색깔에 따라서 누룩곰팡이의 종류도 달라지는데 황곡균, 백곡균, 흑곡균, 홍곡균 등으로 분류한다. 우리나라의 누룩곰팡이는 황곡균이 주종을 이루는데, 술의 풍미와 향취가 가장 좋다.[33]

경주교동법주는 밀로 만든 밀누룩이고, 밀이 생산되는 6월에 만드는 하곡이고, 재료를 뭉쳐서 만든 병곡이고, 황곡균이 주종인 황곡이다. 누룩은 시기상으로 밀이 생산되는 6월에 주로 만든다. 『한국의 전통명주 4-버선발로 디딘 누룩』에서 경주교동법주의 누룩의 특징과 재료, 디디는 방법 등을 자세히 소개하고 있다.

경주의 교동법주는 흔치 않은 정통 청주이다. 흔히 고급 청주에 사용되는 누룩은 밀가루로 만든 백곡白麯 또는 분곡粉麯을 사용하는 것이 정설로 되어 있다. 그런데 이 교동법주의 제조에 사용되는 누룩은 멥

---

33 박록담 전경례 안계희 심유미 김소현 김유미 최원, 『한국의 전통명주 4 : 버선발로 디딘 누룩』, 코리아쇼케이스, 2005, 24~26쪽.

경주교동법주는 밀누룩이고, 여름에 만드는 하곡이고, 재료를 뭉쳐서 만든 병곡이다.

쌀죽을 쑤어 반죽한 조곡粗麯이라는 데에서 교동법주의 술 빚기의 특징을 살필 수 있다. 고급 청주용 누룩은 통밀을 분쇄한 후, 밀기울을 일부분 제거한 고운 가루나 흰 밀가루만을 이용하여 디딘 분곡으로 빚는 데 반해, 교동법주의 누룩은 밀가루는 물론 일체의 밀기울을 제거하지 않고 그대로 사용하고, 물 대신 죽으로 반죽을 하여 띄운다는 점에서도 차이가 있다. 교동법주가 조선 후기 궁중법에서 유래된 술이라는 점에서, 이러한 누룩이 갖고 있는 의미는 매우 크다. 반죽을 할 때 지나치게 질게 해서는 안되므로, 죽을 조금씩 쳐가면서 오랜 시간 치대면 여느 방법보다 질좋은 누룩을 얻을 수 있다.[34]

---

34 박록담 전경례 안계희 심유미 김소현 김유미 최원, 『한국의 전통명주 4 : 버선발로 디딘 누룩』, 코리아쇼케이스, 2005, 55~59쪽

(2) 누룩 띄우는 과정

1985년도 경주법주 조사보고서의 누룩 제조방법이40여 년이 지난 현재에도 이와 똑같은 재료와 방식으로 누룩을 만들고 있다.[35] 경주교동법주 누룩은 ① 통밀 씻어 말려서 맷돌로 갈아 밀기울과 밀가루이 함께 배합된 통밀가루 만들기, ② 멥쌀 죽쑤기, ③ 통밀가루를 멥쌀죽으로 반죽하기, ④ 누룩 디디기, ⑤ 누룩 띄우기, ⑥ 누룩 말리기 등의 순으로 만들어진다.

누룩 재료는 어떻게 됩니까? 누룩 재료는 밀이거든. 밀 하납니다. 밀 하나로서 누룩을 만드는데 이제 밀을 씻어서 건조를 시켜 가지고 이걸 다시 분쇄를 해서 그 다음에 흰죽(멥쌀)을 끓여서 흰죽으로 반죽을 해서 이걸 틀에 넣어서 성형을 만들어 이거를 다시 열을 높여서 이 발효를 시켜요. 이 발효시키는 과정을 다 말씀드리기는 힘들지만 거의 완성될 때까지 20일에서 한 달이 걸립니다. 그 완성된 걸 다시 분쇄를 해서 술을 만드는데 사용을 해요.

① 통밀을 씻어 말려서 맷돌로 갈아 밀기울과 밀가루가 함께 배합된 통밀가루 만들기

술맛을 좌우하는 가장 중요한 재료인 누룩을 만들기 위해서는 먼저 통밀을 물에 깨끗하게 씻어서 준비한다. 잘 씻은 통밀은 물기를 충분히 뺀 뒤에 햇볕이 좋고 바람이 잘 통하는 곳에서 바짝 말린다.

옛날에는 저걸(맷돌) 사용하다 보니까 많이 바싹 마르게 해요. 맷돌을 사용하니까. 근데 요즘은 기계로 하니까 너무 마르면 가루가 돼. 그게 어떤

35 김동욱·노완섭, 「경주법주」『無形文化財指定調査報告書第163號 傳統民俗酒』, 1885, 文化財管理局, 117쪽

밀은 술맛을 좌우하는 누룩은 만드는 가장 중요한 재료이다.

데는 하면은 이걸 물에 해서 조금 불러 가지고 이거를 기계에다가 그대로 눌러버려요. 바로 눌리면 흰 가루가 나오는 게 아니고 그냥 여기 불은 상태에서 으스러져 버려. 그럼 그걸 반죽을 (해요). (경주교동법주 누룩의 통밀)은 바싹 말려야 되요. 우리는 재래식이기 때문에 바싹 말려 써요. 최소한도 이틀입니다.

잘 씻어 말려두었던 통밀은 누룩을 만들기 직전에 맷돌로 곱게 갈아서 사용한다. 대부분의 술은 누룩을 만들 때 밀 껍질인 밀기울만을 사용하는데, 경주교동법주 누룩은 통밀을 갈아서 밀가루와 밀기울을 같이 사용한다. 경주교동법주 누룩 만드는 독특한 방법이다.

지금 보면 낱알이 안 갈리고 나오는 게 있잖아요
낱알이 거의 눈에 안 보일 정도로 한번 넣었다 또 갈아요
그래야 침투가(잘되고) 곰팡이가 제대로 피죠.

누룩용 밀 가시는 거예요? 누룩용 밀 지금 가는 거예요. 이거는 할 때는 얘기를 못 해요. 힘이 들어서 대화가 안 된다고.

지금 이거 굵기는 어느 정도로 가시는 거예요? 어떤 (술을 빚는) 집에는 아주 보드럽게.

1 통밀을 깨끗이 씻는다.
2 잘 씻은 통밀은 물기를 충분히 뺀 뒤 말린다.

경주교동법주는? 이걸 한번 갈잖아요. 이걸 다시 옮겨놓고 어느 양이 되면 이걸 다시 갈아요. 지금 보면 낟알이 안 갈리고 나온 게 그대로 있잖아요. 이게 낟알이 거의 눈에 안 보일 정도로 또 한번 넣어서 또 갈아요. 좌우간 낟알 없이 다 부서져야 돼.

밀을 갈아서 밀기울도 함께 쓴다고 하는데? 밀은 그 각 지역마다 다 특색이 있어요. 자기네들 방식이 있기 때문에. 저희들은 이제 옛날에 맷돌로 이렇게 갈아서 하는데 이거를 굵게 갈 수도 있고 아주 보드랍게 갈 수도 있고. 밀가루가 많이 나오는 형태, 밀가루가 적게 나오는 형태. 대체적으로 두 가지로 구분을 해서 만드는데 저희들은 밀가루를 많이는 안 나와요. 요즘은 이 맷돌에 가는 거 봐도 밀을 눌려요. 눌려 가지고 분쇄를 눌림분쇄를 많이 해요. 그러면 밀가루도 많고 (술이 숙성되어) 떳는(뜨는) 거 보면 겉이 부허케(부옇게) 되요. 저희들은 아직까지 재래식으로 하기 때문에 그렇게는 하지 않고 있습니다. 이제 하는 거는 여러 가지 방법을 많이 사용은 하고 있습니다만은 대체적으로 하는 방법은 재래식이라서 밀가루를 많이 내지 않는 범위 내

1 통밀의 낱알이 거의 눈에 안 뛸 정도로만 간다.
2 맷돌로 통밀을 두 세 번 정도 간다. 맷돌 가는 일은 힘들어서 거의 대화를 못 나눌 정도이다.

에 분쇄를 해서 누룩을 만들고 있습니다.

그 껍질도 나중에 쓰시는 건가요? 통밀을 맷돌로 가시는 건 몇 번 정도 가시는 거예요? 보통 두 번에서 세 번정도. 되도록이면 온밀(통밀)은 거의 안 들어가도록 다 갈리도록 해줘야 돼. 그래야 (누룩곰팡이) 그 침투가 곰팡이가 다 제대로 피지. 껍질이 너무 많이 이렇게 매끈매끈하게 붙어 있으면 그 곰팡이가 즉 효모 효소 발생하는 게 여기에 미끄러져가 쉽게 말하면 미끄러져 가지고 안착이 안 돼서 확 잘 안 퍼질 수가 있잖아요.

(밀가루와 밀기울을 함께) 누룩을 만들면 누룩의 특징이 있습니까. 술맛에? 누룩의 특징이라기보다는 누룩을 만들다 보면은 이 반죽을 하게 되면 가운데 물이 몰릴 수가 있어요. 그런 때문에 밟기를 고루고루 내 밟아줘야 되고. 물이 한쪽으로 고 쏠리게 되면 그거는 시커멓게 떠요. 그건 버립니다. 그러니까 그렇게 시커멓게 되지 않도록 고 반죽할 때 고루고루 해서 밟을 때도 똑같이 힘을 줘서 잘 밟아줘야만 고루 퍼지잖아요. 그렇게 해야 이 곰팡이가 피

1 밀가루가 많아도 안되고, 밀기울이 많아도 안된다. 통밀만 없는 정도로 갈아야 한다.

2 가양주를 만드는 집집마다 누룩을 만드는 재료와 방법이 따로따로 있다. 경주교동법주 누룩은 밀가루와 밀기울 모두 함께 사용하는 독특한 방식이다.

는 것도 고루고루 펴요. 그렇지 않으면 한쪽만 많이 펴가지고 보면 거기는 헛곰팡이 흰곰팡이 이런 것이 피게 되요. 그거는 완전히 불량품이 되는 거죠. 그니까 고르게 노란곰팡이 파란곰팡이가 펴야 그게 좋은 누룩이 됩니다.

② 멥쌀죽 쑤기

청주를 만드는 누룩은 통밀을 분쇄한 후, 밀기울을 일부분 제거한 고운 가루나 흰 밀가루만으로 누룩를 만드는 데 비해 경주교동법주의 누룩은 밀가루는 물론 일체의 밀기울을 제거하지 않고 그대로 사용하고, 물 대신 흰 멥쌀죽으로 반죽을 하여 띄운다.[36] 경주교동법주는 밀

---

36 남원의 신선주곡(神仙酒麯)도 경주교동법주 누룩과 같이, 죽으로 밀가루를 반죽하여 빚는 죽곡(粥麯)이다. 경주교동법주곡과 다른 점은 찹쌀죽을 이용한다. 찹쌀죽은 멥쌀죽보다 점성이 크므로 반죽이 질어지지 않도록 하고, 특히 건조를 잘 해야 한다. 발효 온도가 낮거나 건조가 안 되면 자칫 중심 부분이 썩을 염려가 크기 때문이다. 물로 반죽을 할 때보다 죽의 양은 적게 들어가는데, 치대기를 오래 하면 반죽이 잘 뭉쳐지고 디디는 일도 수월한 편이나 중심 부분이 썩을 가능성이 높으므로 죽을 지나치게 되게 만들어서는 안 된다. 또한 띄울 때 온도가 지나치게 높아서도 안 된다. 물로 반죽한 누룩보다 많이 부풀어 균열이 일어나기 쉽고, 자연 건조가 빨라져서 고른 발효를 기대하기 어렵게 될 수 있으므로, 자주 바꿔 쌓기를

1 멥쌀. 물 대신 멥쌀죽으로 밀가루와 밀기울을 반죽한다.

2 멥쌀 죽을 쑤어 밀가루와 밀기울을 반죽하여 누룩 만드는 방식은 경주교동법주만의 가장 큰 특이성이다.

가루와 밀기울을 멥쌀 흰죽을 묽게 쑤어 반죽한다. 통밀의 밀가루와 밀기울을 함께 사용하고 멥쌀 흰죽을 쑤어 반죽하는 방식은 경주교동법주 누룩 띄우는 과정에서 가장 큰 특이성이다.

누룩을 원래 멥쌀죽로 섞는 것입니까? 예. 다른 데는 이것도 집안마다 틀려요. 물 하나만 가지고 반죽을 하는 데도 많고 또 이 쌀로서 죽을 끓이지 않고 다른 걸 사용하는 집도 있고. 저희들은 350년 오면서 쌀죽을 끓여서 같이 반죽을 해요. 거것이 궁중에서 나온 것이 아닌가 생각이 됩니다.

누룩 만들 때 죽을 같이 배합하면 좋은 점이 있나요? 좋은 점이라기보다 우리 전통으로 그렇게 해와서 하는데 물로 하는 것보다 우리가 해봤을 때 접착력이 좀 나아요. 이게 쌀이기 때문에 전분이 들어가잖아요.

해주어야 질 좋은 누룩을 얻을 수 있다.(박록담 전경례 안계희 심유미 김소현 김유미 최원, 『한국의 전통명주 4 : 버선발로 디딘 누룩』, 코리아쇼케이스, 2005, 60~63쪽)

멥쌀죽 농도는 밀가루와 밀기울을 잘 버무릴 정도이다.

쌀이 조금 불어야 되기 때문에 그래 이렇게 둡니다. 물이 끓으면 이 쌀을 저기다(솥에) 부어야 되요. 솥에다가 끓이고. 죽을 쑤는 거지. 이거(맵쌀죽) 끓여놓고 밀을 맷돌에 분쇄를 해가지고 그 가루를 가지고 이거(맵쌀죽) 식힌 거를 그거(통밀가루)하고 섞어서 누룩을 만들어요.

흰 맵쌀죽의 농도는 어떻게 확인합니까? 농도는 너무 묽지 않고 너무 되지 않으면 되요. 왜냐하면 밀(가루와 밀기울)을 잘 버무릴 수 있을 정도만 되면 되요. 어떤 점도나 이런 거를 육안으로 보고 이렇게 떨어뜨리는 거니까 어떤 기계적으로 뭐 수치적으로 하는 게 아니다 보니까 그냥 이 정도면 되겠다 하는 거를 그게 이제 습관적으로 그렇게 되는 거죠. 아까보다는 이게 퍼졌으니까 조금 낫잖아요. 아까는 물이 그냥 많으니까.

이거는 바로 쓸 수 있는 건가요? 예 하루 정도 식혀야 되요.

왜 하루 동안이나 식혀야 되요? 이게 뜨거우니까 뜨거운 거를 반죽을 하면 안돼. 익반죽이 되버려요. 그래 좀 약간 식었다고 해도 아직 뜨겁거든요. 뜨거울 정도가 아니더라도 어떤 따끈따끈한 걸 하게 되면은 누룩을 밟으면 벌써 발효가 시작 되요. 그러면 발효가 시작되게 되면 물기가 많은 데서 발효가 색이 검거나 희거나 곰팡이가 펴요. 그게 육안으로 파란곰팡이 노란곰팡

멥쌀죽은 반드시 식혀서 사용한다. 식히지 않으면 누룩 밟을 때부터 발효가 시작되어 좋은 누룩을 만들 수 없다.

이 제일 안 좋은 게 검은 거하고 흰 거거든. 그런 게 있기 때문에 그런 걸 방지를 해줘야 돼.

하루 동안 식힌다? 예. 겨울에는 하루 아니더라도 아침에 끓여가지고 저녁이만 하면 이 식히는 그 용기에 따라가 달라요. 넓은데 조그만한 양이라도 넓은 데 식히면 빨리 식잖아요. 그게 이제 요즘은 좋은 게 냉장시설이 있어도 하룻 동안 거기어 이 밑술 담을 때 흰죽 같은 거는 거기서 안 식히면 뜨거워져요. 하루 지나도 그냥 냉장실에 안 넣고 하루 지나도 이 온도가 24~5도 넘어요. 그러면 술을 담을 때는 온도가 그렇게 올라가면 안 좋거든. 여기에 놔 둬가지고 조금 이따가 김 빠지고 나야 냉장실에 집어넣지.

냉장실에 넣어야 되요? 옛날에는 냉장실에 안 넣고 마루게 그냥 놔둬요 겨울이니까. 이거는 원래는 겨울 술이 우리나라 약주 청주가 다 겨울 술이기 때문에 겨울 온도를 맞춰주면 요즘 같이 냉장실에 안 들어가도 밖에 둬도 이 10도 이하 기온이 많잖아요 옛날에는. 그래서 자연으로 다 식어지는데 지금은 안 그래요. 이제 사계절을 하다보니까 날씨가 덥잖아. 그러면 계속 잘 식지를 않아요. 그래서 냉장실에 넣어요.

③ 통밀가루를 멥쌀죽으로 반죽하기

같은 재료를 사용하더라고 재료의 비율에 따라 결과가 달라지듯이 경주교동법주 누룩을 반죽할 때도 오랫동안 내려온 비율에 따라 누룩을 만든다. 그 비율은 밀가루와 밀기울이 함께 들어간 통밀가루

1 경주교동법주 양을 측정하는 도구인 놋쇠 식기 한 그릇이 500g 정도이다.
2 통밀가루 놋쇠 식기 두 그릇이면 1kg정도이다.

1,000g에 흰 멥쌀죽 400g이다.

식기에다가 두 식기를 부으면 요즘 말하는 약 1kg이에요. 그러면 거기에 400g 정도 흰죽을 넣어서 반죽해요.

(멥쌀죽과 통밀가루의) 비율이 있습니까? 그 양은 얼마다 보다도 옛날에 하는 방법은 주먹구구잖아요. 옛날 방식인데 식기(도구 식기)에다가 이렇게 두 식기를 부으면 (통밀가루) 양이 요즘 말하면 1킬로에요. 그러면 거기다가 흰죽을 400그램 정도 넣어가 반죽을 해요.

(통)밀가루 1킬로에 이거 400그램? 예. 그거는 요즘 재니까 그렇게 대충 거기에 왔다갔다 하는 거야. 옛날에는 그런 게 없고 해보고 반죽하면 반죽이 좀 많이 넣으면 질잖아요. 질면은 안 되니까 너무 질어도 안 되고 또 너무 적게 넣으면 흰 가루가 그냥 있어요. 이 반죽이 안 돼. 그럼 그건 발효가 되면 퍼스거리(푸석하고) 하얘(하얗게)져요. 그냥 얽어진다고. 그래도 안 되

완전히 식힌 멥쌀죽으로 통밀가루를 반죽한다. 멥쌀죽의 양 조절을 중요하다. 부인 서정애가 숟가락으로 조정한다. 같은 사람이 하면 동일한 양이 맞추어 진다.

고. 그거는 경험에 의해서 그렇게 하는 거예요. 한 숟가락 더 넣었다가. 이 가루(통밀가루)를 빻으면 껍질만 있는 게 많이 들어가는 경우가 있고 안에 밀가루가 많이 들어가 있는 게 많이 들어 갔는 경우가 있고. 그럼 거기에 따라 한 (숟가락) 스푼 내지 두 스푼 이렇게 차이가 있어요 얼추 넣는 게 배합하는 게. 보통 (멥쌀죽을) 한 400그램 정도. 요즘 말하는 한 400그램 정도 그렇게 넣어야.

맵쌀죽을 숟가락으로 양을 조정하는 것은 이 사람(서정애)이 다 했거든요. 그래야. 이걸 떠줘야 동일하게 그 한사람이 함으로 거의 비슷하게 되는 확률이 제일 높아요.

질게 나오면 누룩이 어떻게 되나요? 극단적으로 표현하면 못 쓰는 누룩이 나와요. 색깔이 검어지든가. 그 물이 많으면 검어질 확률이 많아요. 물이 많으면 이게 질면. 이렇게 돼 있어요. 지금 보기에는 만져 이따가 만질 기회가 있을 건데 만져보면 이 정도가 진 거 아닌데 생각하실 거예요. 그러나 밟으면 놔두면 물이 한쪽으로 쏠려요. 물이 많으면 한쪽으로 쏠리게 돼 있어. 그러면 그 물 쏠리는 데는 (누룩이) 새카맣게 되요.

누룩 지금 건조상태는 어느 정도입니까? 그거는 지금 질고 안 질고는 여기 처음에 한번 해봐야 되요. 통밀가루(의 상태)에 따라 가지고 (흰 멥쌀죽을) 조금

1 통밀가루에 멥쌀죽을 넣고 치대면서 섞는다.
2 통밀가루와 멥쌀죽의 비율이 적당해야 잘 띄어져 좋은 누룩이 된다.

더 넣고 덜 넣고 해야 되니까. 처음에 기본적으로 넣는 걸 넣어 가지고 해서 진 지 또는 마른 지 이걸 반죽을 해봐야 알 수가 있거든요. 그러니까 옛날에 다 감으로 육감으로서 모든 걸 해요. 현대는 이거 몇 킬로에 물 몇 킬로 이렇게 해서 딱 다 나오지만 재래식은 그게 없어요. 그러니까 그때그때 따라서 변화가 여건에 있으니까 그걸 먼저 하기 위해서 이걸(통밀가루와 흰 멥쌀죽) 적어도 두 번 내지 세 번은 섞어봐야 이 양을 어느 정도 조정을 합니다.

(통밀 가루 놋양푼에 소분하고) 일단 밀 두 그릇이네요? 가루가 많이 나오고 적게 나오고에 따라 가지고 소복히 하나 하는 게 요즘 말로 하면 하나가 500그램 내외. 그러면 누룩 한 장이 보통 1킬로거든요. 그거는 옛날에 되로서 달아가 하는 게 이게 옛날에 밀을 빻아서 이거 두 식기 하면 소복히 두 식기 하면 1킬로 정도 되요. 그게 옛날부터 내려오는 거라서 이 식기하고 이런 거. 이거는 물 뜨는 대접이에요 물. 그래 이렇게 해서

(통밀가루에 흰죽 붓고 치댄다)조금 질은 거 같지? (최종진 : 예. 조금 집니다.)

1 반죽이 질거나 되면 누룩이 검게 되고, 곰팡이가 제대로 피지 않아 사용할 수 없게 된다.
2 마른 통밀가루가 없을 때까지 치대면서 섞는다
3 반죽을 손에 쥘 수 있는 크기로 반죽덩어리를 뭉친다.

그럼 그 누룩은 못 쓰는 거죠? 못 쓰는 겁니다. 그러니까 물 조정을 잘 해줘야 되고 그 다음에 물이 좀 과하다 싶을 땐 조금 질다 싶을 때는 사람이 그 물이 안 쏠리도록 2차적으로 굉장히 많이 신경을 써야 되요.

밟을 때요? 밟아놓고. 밟아놓고도. 이렇게 놔두는 거, 이렇게 놔두는 거, 이렇게 놔두는 거, 엎어놓는 거. 이런 걸 수시로 변형을 시켜줘야 돼. 이거를 많이 치대는 이유가 마른 가루가 있으면 안 되니까 치대서 마른 가루를 다 젖게 만들어 줘야 해요

물이 한 쪽으로 안 쏠리도록. 밀가루와 흰죽을 반죽할 때는 죽처럼 너무 묽거나 되지 않게 하는 것이 중요하다. 반죽이 적당하게 되어야만 누룩이 잘 떠져 좋은 누룩이 되고, 그래야만 좋은 경주교동법주를 만들 수 있다. 술맛을 좌우하는 누룩을 만들 때 반죽이 너무 되면 곰팡이가 제대로 피지 않고, 또 너무 질면 누룩이 까맣게 뜨면서 술맛이 나빠지고 일찍 시어 버릴 수 있다.

④ 누룩 디디기

누룩을 만들 밀을 분쇄한 거를 일정한 양을 넣어서 흰죽 끓인 거를 섞어

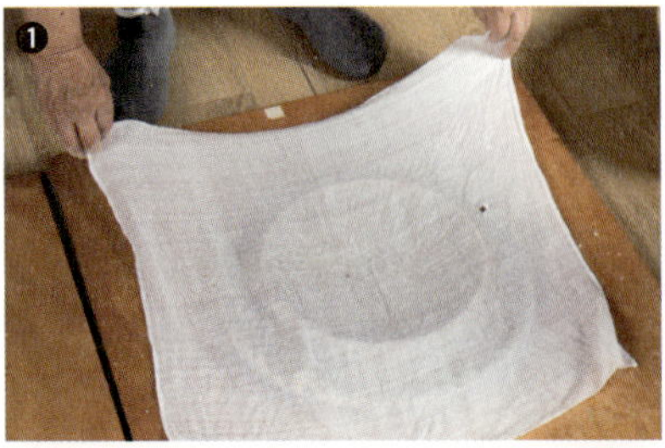

1 누룩틀에 면보를 깐다.
2 손으로 덩어리를 뭉치면서 반죽이 잘 되었지를 살핀다.

서 누룩을 성형을 시킬게요.

반죽이 마무리되면 물에 적신 삼베를 원형의 누룩틀 위에 고르게 펴 놓는다. 누룩틀에 반죽은 채워 넣는데 한 손에 쥘 수 있는 크기로 만들어 틀 안에 꽉 채워준다. 누룩틀에 잘 채운 누룩은 삼베로 감싸고 발로 밟는다. 이때는 깨끗한 천을 올리고 발뒤꿈치로 반죽을 고르게 밟아준다. 이렇게 단단히 밟아줘야 누룩이 깨지지 않고 수분이 빨리 날아가지 않아 미생물 증식에 도움을 준다.

누룩 밟는 게 다리의 힘 전신집중 집중해서 다 힘을 누룩이 잘 되라고 밟잖아요. 밟는데 한 군데를 가만히 이렇게 서서 밟으면은 또 덜한데 돌아가면서 밟아야 돼. 이렇게 했으면 이 힘이 사방팔방 다 전달이 되도록 여기 다 돌아가면서. 사람이 빙글빙글 돌 그게 제일 안 좋고. 이거 그냥 한번 밟아 가지고 한 열 바퀴만 한번 돌아보세요. 어지럽습니다. 그리고 바로 못 서 있어요. 그런데 그래 하는 게 아니고 중간중간에 서서 밟고 발끝으로서 밟고 뒤꿈치로서 밟고 이거를 번갈아 가면서 해 주잖아요. 그러면서 발끝으로 할 때 주로 제일 많이 돌아요. 이리도 돌고 이리도 돌고. 이 가운데 이거는 천천히 돌아도 되는데 가운데는 몇 발짝이 이렇게 천천히 이래도 되는데. 가(테두리)에 이거는 빨리빨리 이거 빠르게 돌아줘야 돼. 힘을 똑같이 주고

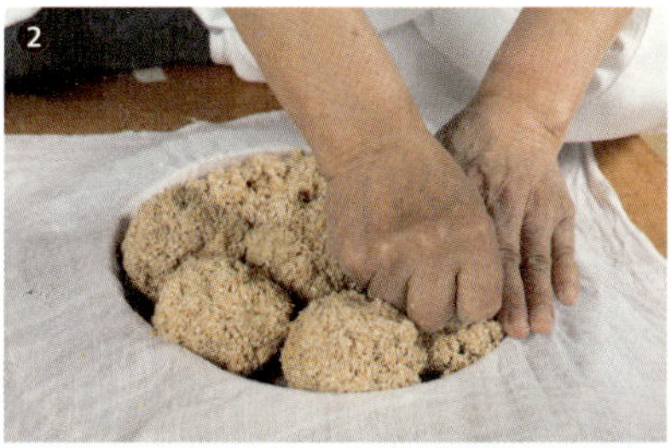

1 경주교동법주 누룩은 원판형이다.

2 발로 디디기 전에 손으로 반죽 덩어리를 누룩틀에 꽉 채운다.

3 면보로 감싼다.

4 발로 디디기 전에 누룩틀의 모습

또 똑같이 주고. 그러니까 그게 이제 제일 힘드는 게 뭐 누룩 빻아지는 것보다도 이게 제일 힘들어. 다 이거 안 할라 그래요.

면보를 깐 누룩틀에 반죽덩이를 넣고 손으로 눌러 정리한다. 면보로 감싸서 덮고 비닐 덮개를 깔고 밟는다.

누룩 틀에 넣을 때 뭐 주의할 점이 있습니까? 주의할 점보다는 이 물반을 잘 이겨야 된다는 게 첫 번째고. 그 다음에 밟을 때 고루고루 밟아야 된다는 게 두 번째. 옛날에는 비닐 이런 거 윗덮개 없이 맨발로 그냥 밟아요 맨발로. 하도 요새 위생하고 빠져가지고 그래 이렇게 바꾼 거예요.

밟을 때는 어디 뒤꿈치로 밟아주시는 거예요? 테두리만 발가락으로 밟고 발

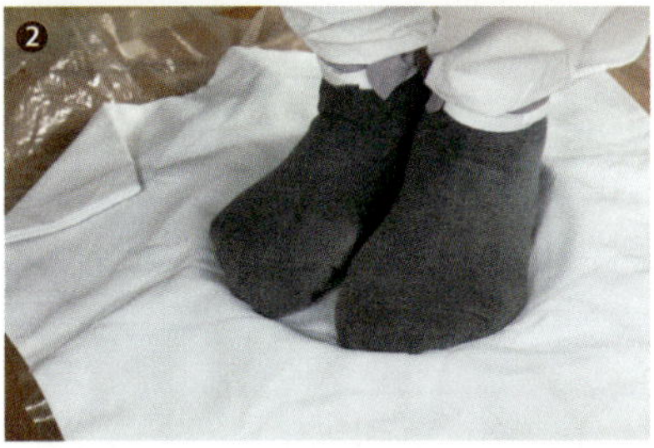

1 덮개를 덮고 발로 디딘다.
2 테두리는 발가락으로 힘있게 눌러서 밟는다.
3 누룩을 디딜 때 물기가 고루 퍼지게 하는 것이 중요하다.

가락으로 힘있게 눌러야 되고. 가운데는 뒤꿈치 가지고 (밟아요).

덮개를 벗기고 뒤집어서 다시 밟는다. 그다음 덮개를 치우고 틀을 빼고 테두리를 다듬는다. 다시 밟고 덮개를 벗기고 틀에서 누룩을 빼고 다듬는다.

언제까지 밟아줘야 됩니까? 공기가 다 빠질 때까지.

그 안에 공기가 다 빠질 때까지 밟는 거예요? 예. 이게 단단하게 돼야 되니까. 왜 이래 갈라지는지 아십니까? 이거 촬영한다고 물기 타이밍이 안 맞아가지고 수분이 빨리 증발하면 붙지를 않아. (서정애 : 시간이 너무 지체돼 가지고) 아까보다가 좀 빨리 끝났잖아요. 이거 하는 게. 밟는 거보다 앞에 하는 게. 그러니까 안 갈라지고 묽기는 이 정도 되기는 됐어요.

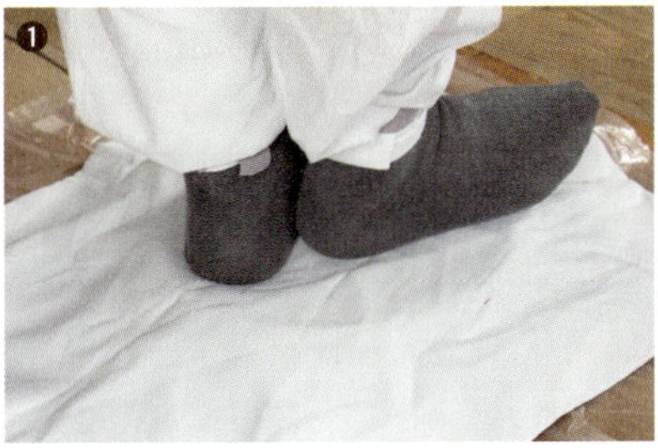

1 뒤집어서 다시 한번 밟는다.

2 가운데 부분은 발 뒷꿈치로 밟는다.

갈라지지 않고 그렇게 나오면 잘 나온 건가요? 예. 이게 터실터실(토실토실) 하면 면이 물이 덜 가서 빨리 말라가 퍽석퍽신(푸석푸석) 해져. 그러면 안에 효모 효소 곰팡이가 피지를 않아. 반죽할 정도 그 정도로 다 떴다 그래도 그러면 쪼개면 푹신하게 쪼개지면서 맨 가루가 나와. 그게 그런 거는 이런 거는 전부 경험에 의해서 이 정도면 됐다. 여기에선 이 정도면 됐다 해도 아까 2차적으로 물이 많고 하는 거는 하루 이틀 지나면 거의 알 수가 있거든. 그러면 손 보는 게 더 힘이 들어요. 요때 잘 못 맞추면. 돌려야 되고 디벼야 되고 옆으로 또 둘러야 되고. 그래야 물이 고루고루 펴져가지고 건조 되면서 한 데로 안 모쳐(모여) 가지고 새카맣게 안 되는 거예요. 그럼 부하케 떠야지. 보셔도 여기 표면이 다르죠? 여기 와가 보시면 표면이 다른 게 알 수가 있습니다.

다 다른데요? 표면이 어떻게 돼야 좋은 겁니까? 표면이 매끄리하게(매끄럽게) 탁 붙어가 있잖아요 터실터실(푸석푸석)한 게 없고. 저쪽은 좀 거칠고 이거는 매끄럽고. 이건 매끄럽고 이게 제일 먼저 한 거. 이거는 터실터실하게 거칠어져가 있고. 이건 그 다음. 이게 제일 매끄럽고 제일 이번에 잘 된 거예요. 잘 밟힌 거예요.

1 누룩틀에서 누룩을 면보를 이용해서 빼낸다.
2 손으로 누룩 테두리를 다듬는다.
3 누룩 표면이 거칠지 않고 매끄럽게 되어야 한다.
4 술의 발효를 도와 맛, 향, 색을 결정하는 가장 중요한 누룩의 형태가 완성되었다.

표면이 좀 매끄러운 게 좋은 겁니까? 예. 밟았을 때 다른 데보다 다른 데 매끄러운 거보다 밟았을 때 매끄럽다 하는 거는 물이 고루 분포 됐다는 얘기야. 그걸 이제 표현상으로 매끄럽다고 이렇게 하는데 물이 고루고루 잘 분포가 되면 덜 간 데하고 더 간 데하고 이런 게 금방 놔두면 차이가 나잖아요. 그러니 그게 거의 안 나고 여기 오래 가는 게 제일 좋은 거야 이게.

결국 그럼 누룩을 잘 띄운다는 거는 물을 골고루 이렇게 퍼지게 하는 그런 기술이네요? 예.

경주교동법주의 발효제가 될 누룩이 원형의 알맞은 형태를 잡으면 누룩틀에서 떼어내 한쪽에 고르게 펼쳐 둔다. 술의 발효를 도와 맛과 향을 결정하는 가장 중요한 재료인 누룩 형태가 완성된 것이다.

(누룩을 디딜 때 물기가 고루) 퍼지게 하는 게 첫 번째.

두 번째는 온도. 띄우는 온도.

⑤ 누룩 띄우기

대대로 집안의 술맛을 지켜온 누룩 반죽이 끝나면, 누룩을 띄우는 과정이다. 누룩 띄우는 것은 누룩방에서 하는데 볏짚이 올려진 누룩장에 한 장 한 장을 올려 약 20일 정도 띄우게 된다. 좋은 누룩을 만들기 위해서는 좋은 곰팡이가 만들어질 수 있는 최적의 환경을 만들어 주는 것이 중요하다.

여기가 발효실이에요. 발효실인데 누룩을 발효시키려면 여기 온도를 올려야 해요. 그러면 이 안에 평균 온도가 30도가 돼야 해요. 그리고 여기서 어느 정도 굳어지면서 물기도 고르게 퍼지면 곰팡이가 끼는 게 눈으로 보여요

누룩방(발효실)을 좋은 곰팡이가 만들어질 수 있는 최적의 환경을 만들어 주는 것이 중요하다.

누룩 띄우는 데는 곰팡이가 잘 피도록 누룩을 뒤집어 가면서 온도조절이 중요하다. 온도 조절은 오래되고 숙련된 사람의 경험치고 기술이다.

위에 다시 또 짚 놓고 다시 누룩을 올려요. 짚이 곰팡이가 잘 핍니다. 이렇게 겹치면 열이 나고 여기에 아직까지 수분이 있잖아요. 수분이 있으면 젖으면서 작용을 해서 짚에서 좋은 곰팡이 나오도록 유도하는 거예요.

쪼개서 보면 여기 색이 뽀얗게 떴느냐 시커멓게 떴느냐 파랗게 떴느냐 거기에 따라 달라지는 거예요. 제일 좋은 게 백색으로 고운 색이 제일 좋습니다.

온도는 어떻게 됩니까? 온도는 말로 표현해간 안 되는데 순간적인 온도가 띄울 때 50도 60도까지 넘어가요. 순간적으로. 그렇게 며칠 두면 안에 곰팡이가 다 죽어버리잖아. 한참 뜰 때는 속에 손도 못 넣어요. 뜨거워서. 그 정도로 이제 확 올라갔다가 쑥 내려가잖아. 그러면 상태를 보고 디벼줘야(뒤집어) 돼. 이래가서 여기서 이불 덮어놨는 게 그만큼 올라갔다 싶으면 요 시간

누룩을 띄우는 발효실의 온도는 평균 30도를 유지해야 한다. 적절한 온도조절을 통해 곰팡이 나오는 시간은 보통 20여 일이 걸린다.

1 짚을 사이 사이에 깔고 누룩을 겹쳐 올린다. 짚에서 좋은 곰팡이가 나온다.
2 짚 사이에 누룩을 겹쳐 놓으면 온도(열)가 올라가고, 이때까지 남아 있는 수분이 좋은 곰팡이가 나오도록 유도하는 것이다.

을 오래 안 둬요. 조금 이따가 이걸 다시 옮겨요. 요래 있던 거를 요렇게. 디빈다고. 디벼서 이제 바람 한번 쐬우고 다시 엎어가 또 덮어놓고. 그게 오래된 사람의 기술이에요. 숙련된 사람. 그걸 제때 못 해주면 또 시커먼 게 그냥 한두 가지의 방법으로 한두 가지 원인 때문에 시커먼 게 아니에요. 그것도 또 잘못되면 너무 열을 오래 올라가서 좀 많이 뒀따 싶으면 또 그렇게 되고. 거기서 순간적 그만큼 올라가더라도 부단는대끼 낮게 내려와야 돼. 평균적으로 보면 30도에서 35도 며칠간. 그 다음엔 다시 또 내려와야 돼. 그거는 띄우는 시간이 오래 걸려요. 곰팡이가 나오게 하는 시간. 이것이 한 보름 이상 20여일 간 그렇게 되거든요.

여기는 이제 누룩을 우리가 흔히 띄운다고 하는데 여기 발효실이에요. 발효실인데 누룩을 발효시킬라 하면은 여기에 온도를 올려야 되요. 바닥에도 열이 들어오고 그 보일러 이외에 요 전기로 다시 넣어요. 여기 전부 전기선이 들어가 있어가지고. 그럼 여기 전기가 들어와요. 그러면 이 안에 온도가 30도나 평균온도가 30도가 돼야 돼. 온도가. 그러면 그만큼 열을 가해서 여기에 곰팡이가 피도록 하고. 그 다음에 이제 여기서 어느 정도 좀 굳어지면서 물기도 고루 퍼지고 이렇게 되면은 곰팡이가 살 끼는 게 눈으로 보여요. 보이면은 어떻게 하는가 하면은 이렇게(희게 핀 누룩 위에 볏짚 덮어둔다. 덮은 볏짚 위에 다른 누룩 겹쳐 올린다.)

누룩을 겹쳐놓으시는 거예요? 네. 이거를 한 벌만 하는 게 아니고 또 짚 놓고 또 요 위에 또 한 벌 해요. 여기에 요 위에다가 다시 또 짚 놓고 다시 누룩을 동개요(포개요).

몇 겹까지 그렇게 쌓으시는지요? 여기서 4단 정도로 놔뒀다가 어느 정도 아까 약간 비치는 곰팡이가 비친다 그랬는데 어느 정도 비치면 이거를 또 옮겨요 바닥에.

쌓아두는 이유가 있습니까? 짚 하고 곰팡이가 잘 피도록. 짚이 곰팡이가 잘 핍니다. 우리 메주도 짚으로 그거 엮어 가지고 달아 놓잖아요. 그 별 거 아닌 거 같은데 그거 때문에 메주가 잘 뜨고 하는 거와 마찬가지로 누룩도 짚을 살짝 깔아 가지고 그렇게 동개면(쌓으면) 열이 나게 되고 여기에 수분이 아직까지 있잖아요. 수분이 있고 하면 여기 젖으면서 작용을 해서 이 곰팡이가 짚에서 곰팡이가 많이 좋은 곰팡이 나오도록 아마 유도하는 거 같아요.

어떤 누룩이 좋은 것입니까? 그거는 색으로서 구분하는 게 아니고. (흰 누룩 단면 보여주는) 색이 아무 것도 없더라도 깨어서 보면 이렇게 금을 내서 깨어서 보면 여기 색이 여기에 색이 말해줘요. 잘 됐다 못 됐다. 여기 보하케(하얗게) 떴느냐 시커멓게 떴느냐 뭐 검게 떴느냐 저 희게 흰 거는 곰팡이 말하는데 그 다음에 파랗게 떴느냐. 거기에 따라 가지고 달라져요. 달라지는데 제일 좋은 게 백색인 그 보한(하얀) 게 제일 좋습니다. 어떤 누룩이 좋은 누룩

잘 띄운 좋은 누룩의 표면이나 단면이 전체적으로 백색이면 좋다. 검은색이나 파란색을 띠면 잘못 띄워진 누룩이다.

이고 그런 거보단 어떻게 잘 고루 떴느냐. 도루 발효가 이렇게 골고루 잘 일어났느냐 그게 제일 좋은 누룩인데 여기에 따갰(쪼갰)을 때 이 색깔이 검거나 이렇게 되면은 푸르거나 이게 잘 못 떠졌는 거에요. 이것이 하얗게 되는 게 제일 좋아요. 우리가 보통 이런 하얀 거보다도 뜬 거 중에 뜬 것이 하얗게 된 거. 발효가 된 부분 전체가 다 하얗게 된 거.

물이 찼다고 했던 게 잘 안 된 거? 그 누룩은 상태는 어떻습니까? 겉으로 보기에는 그래도 괜찮은데 왜냐면 이 전부가 다 단단하고 검거나 그렇지 않기 때문에 괜찮은데 이걸 따개(쪼개) 보면 이렇게 이쪽은 다 괜찮은데 여기 물이 생겼는 거. 물이 여기에 몰쳐 있었던 부분. 이거는 잘 못 떠졌다는 거지. 이게 이제 불량품이에요.

그게 물이 조금 뭉친 그 누룩? 예. 뭉쳐 있어서. 다 골고루 되는데 요래 치대다가 보면 손으로 다 같이 만져보셨으면 이해가 가실건데. 그러면 동글동글하게 맺혀 있는 게 있어요. 그걸 다 잘 풀어가 물을 고루 이렇게 다 분산시켜서 밟아야 되는데 그게 맺혀 가지고 그대로 밟혔는 거. 그거는 물이 이렇게 생기면 이 부분만 요 부분만 요렇게 잘 못 떠졌어.

(누룩을) 저 밟으실 때 계속 그 힘드시는 게 이렇게 골고루 이렇게 밟기가 힘들다는 말씀이죠? 예. 그래서 여기 처음에 반죽할 때 이렇게 맺혀가 있으면 밟아도 여기에 안 퍼지잖아요. 그걸 방지하기 위해서 처음에 이길 때 아주 고루 자꾸 여러 번 그걸 디벼가면서 고루고루 퍼지게 하는 거는 물이 고루 가라고. 그렇게 하는 게요. 밟아보면 결과가 이렇게 나온다고. 그리고 완전히 이렇게 된 거는 그건 아예 시커멓게 돼 있으니까 그건 아예 버려야 돼요. 못써요. 그러면 안 이렇도록 만들라 그러면 작업자가 신경을 굉장히 많이 써야 돼. 그래 밟으며 이거 작업할 때 아 이거 조금 덜 그거된 거 같다 싶으면 누룩을 이렇게만 두는 게 아니고 이렇게 또 쌓아줘요 이렇게(누룩 옆으로 세우는) 이렇게 또 쌓아주면 이걸 또 돌려준다고. 물이 고루 가라고. 이래 있던 거 또 이쪽으로 가고. 그러면 뭉쳐 있던 거라도 어느 정도 퍼져요.

⑥ 누룩 말리기

누룩이 잘 띄어지면 햇볕을 쪼며 앞뒤를 골고루 말린다. 밤이슬을 맞혀 가면서 햇볕에 말리기를 되풀이한다. 이는 누룩의 겉과 속의 건조상태를 균형있게 하기 위한 경험에서 얻어진 지혜이다. 잘 마른 누룩을 빻아서 체로 쳐서 법주를 빚는다.

누룩방에서 며칠 있다가 또 밖에서 며칠 말라고 총 그 시간이 어떻게 됩니까? 누룩 밟아서부터 1차 누룩방에 들어가 있는 시간이 보통 10일에서 15일 그 다음에 좀 시간이 걸리면 20일 정도. 그러면 거의 다 떠요. 다 뜨고 뜨면서 어

1 누룩방에서 발효가 끝나면 마당에서 누룩은 햇볕에서 완전히 말린다.

2 누룩은 속까지 고르게 바짝 말린다. 하루 정도는 햇볕에 두고 앞뒤로 뒤집어 가며 잘 말리다가, 밤이슬을 맞힌 후 다시 햇볕에 말리기를 되풀이한다.

느 정도 말라요 그 표면은. 그 다음에 이제 그걸 상태를 보고 예를 들면은 이 상태를 딱 깨서 본다고. 그러면 어느 정도 잘 떠졌나 이렇게 보고 이걸 다시 이제 햇볕에 완전히 건조시키는 거예요. 이 건조가 될라 하면 이제 다 되면 한달 걸려요.

속이 떴으면은 안에 물기가 이제 없도록 건조를 시켜야 되잖아요. 그러면 바람 쐬러 이제 건조 시키러 나오는 거예요. 나왔을 때 밤이슬 맞추고 하면 더 좋다 하는 건 이유는 몰라도 옛날 어른네들이 그래 하면 더 좋다 그래서 여기 널어놓고 밤새도록 그대로 놔둬요. 안 덮고. 비 오지 않는다 하면 안 옮겨요. 그래가 이거를 오늘 요래 놨잖아요. 그러면 내일 오후엔 요래 놓고. 모래 아침에는 다시 요래 하고. 이래가 자꾸 앞뒤로 맞춰가면서 밤을. 그래가 십여 일이 지나면 보통 누룩 하는데 20여 일에서 30일. 최장 30일 되면 누룩이 건조까지 다 끝나요.

누룩을 밖에서 건조시키는 것입니까? 발효가 1차 끝나고 누룩을 아주 메마르게 건조를 시켜야 되니까 이 건조 시키는 거는 햇빛이 제일 좋아요. 그래 여기서 건조 시키면서 이걸 오늘 요래 놨다가 또 내일은 요래 디벼가지고 건조를 시키는 거는 밤에 밤이슬도 맞추고 그게 맞아서 다시 햇볕 나면 다시 건조되고. 이런거 옛날부터 왜 그랬는지는 모르겠습니다만 그렇게 하는 것이 좋다고 해서 지금까지 그렇게 하고 있어요. 여긴 재래식이라.

말리실 때도 너무 계속 이렇게 뒤집어주고 이렇게 세워주고 이렇게? 네. 띄울 때도 뒤집어줘야 돼. 이렇게 있으면 내일은 이렇게 뒤집어줘야 돼. 그래가 열이 있는 데서 밑에까지는 아직 100프로 건조가 안 된 상태거든. 계속 발효 중이고 습도가. 누룩 처음 할 때는 습도를 맞춰줘야 돼. 습도가 없으면 안돼 너무 없으면. 습도가 어느 정도 있이 그러니까 그런 거를 다 신경 쓰고 해야 되고. 옛날에는 방에 불을 너무 때면 사우 옹가지 여기에다가 물을 받아가 방안에 넣어놓고.

밖에서 햇빛에 말리는 것은 건조를 하는 과정이네요? 예. 이거는 건조하기 위해서 이렇게 하는 거야. 자꾸 이렇게 하루에 한번씩 뒤집어줘야 되요. 말리면서 뒤집어주고 그리고 이슬 맞추고. 계속 디벼주고 건조시키고 그렇게 해야 됩니다.

누룩방에서 1차 발효가 끝나게 되면 야외에서 마지막 건조 과정을 거치게 된다. 누룩은 속까지 고르게 바짝 말려야 한다. 하루 정도는 햇볕에 두고 앞뒤로 뒤집어 가며 잘 말리다가, 밤이슬을 맞힌 후 다시 햇볕에 말리기를 되풀이한다.[37] 누룩의 형태는 직경이 1자(약 35cm) 정도이고 두께는 약 1.5~2cm가 되는 원반형으로 각종 발효 미생물이 착생된 전형적인 재래식 누룩이다. 경주교동법주에 사용하는 누룩의 특징은 밀기울과 밀가루가 어우러져서 여러 종류의 누룩곰팡이가 골고루 착생하여 번식하고 증식함으로써 누룩으로서의 역가가 매우 강하다. 이러한 누룩 곰팡이들이 건조되는 과정에서 포자를 형성하여 오랫동안 보관하면서 사용할 수 있을 뿐만 아니라, 경주교동법주를 만들었을 때 술의 색과 향과 맛이 뛰어나다는 것이다.

일반적인 보통의 누룩은 밀기울만을 사용하는데 비하여 경주교동법주에 사용하는 누룩은 통밀을 곱게 갈아서 채로 치고 밀가루와 밀기울을 백미 흰죽으로 반죽하여 띄운 독특한 형태의 누룩이다.[38] 교동법주에 사용하는 누룩은 밀기울과 밀가루가 어우러져서 여러 종류의 누룩곰팡이가 골고루 증식하는 것이 특징이다. 이러한 누룩곰팡이들은 건조되는 과정에서 포자를 만들어 오랫동안 보관하며 사용할 수 있을 뿐만 아니라, 350년 이어온 경주교동법주만의 색과 향, 그리고 맛을 지켜낼 수 있는 중요한 역할을 한다.

2) 경주교동법주 술빚기

술빚는 방식에 따라 단양주, 이양주, 삼양주 등으로 나눈다. 단양주는 1회에 걸쳐 술을 빚는 방식으로 가장 기본적인 방식으로 쌀과 누룩을 한 번에 다넣고 발효시킨다. 이양주는 2회에 걸쳐 술을 빚는 방식으로 처음 빚는 술을 밑술, 나중에 빚는 술을 덧술이라고한다. 밑술을 빚

37 법제하기

38 김동욱·노완섭, 앞의 보고서(1985), 177~118쪽.

을 때는 효모를 안정적으로 성장시키는 것이 중요하다. 이후 효모의 활동이 활발해지면 본격적인 발효를 위해 덧술을 담는다. 삼양주는 3회에 걸쳐 술을 빚는 방식으로 밑술, 1차 덧술, 2차 덧술 혹은 밑술, 1단 담금, 2단 담금이라고 한다. 교동법주는 밑술과 덧술을 만들어 2회에 걸쳐 발효시킨다. 경주교동법주는 이양주이다.

(1) 밑술담기

밑술[39]담기는 ① 찹쌀죽 쑤기, ② 누룩 빻기, ③ 술독 소독, ④ 찹쌀죽과 누룩 섞기 등의 순이다. 밑술의 재료는 찹쌀죽[40], 누룩, 물이다. 밑술을 담그기 위해서는 먼저 찹쌀로 묽은 죽을 쑨다.

① 찹쌀죽 쑤기.

어떤 과정입니까? 지금은 주모를 만들기 위해서 찹쌀 흰죽을 끓여요.

찹쌀 양은 어떻게 됩니까? 찹쌀 양은 내가 담고자 하는 양의 10분의 1. 100킬로를 담고 싶으면 10킬로. 40킬로를 담고자 하면은 4킬로. 10분의 1을 흰죽을 쒀요. 요 흰죽을 쑨 데서 아까 제조하고 된 누룩을 다시 분쇄해서 담고자 하는 양의 거의 100프로(의 누룩)를 요 양에다가 다 넣어요. 그걸 주모로 만드는 거예요. 밑술. 밑술이 주모거든요. 우리가 재래식의 말은 밑술이고 요즘은 이제 거의 주모라고 많이. 요 밑술을 만드는데 누룩이 거의 100프로 다 들어갑니다.

---

39 밑술, 주모, 술밑 등으로 지칭되나 이 글에서는 밑술로 통일한다.

40 김동욱·노완섭이 쓴 앞의보고서(1985) 118쪽에는 밑술의 재료가 찹쌀죽이 아니라 찹쌀고두밥으로 되어 있다.

1 밑술을 담을 때 찹쌀의 양은 전체 담고자 하는 술 양의 1/10이다. 100kg 술을 담고자 하면 10kg의 찹쌀로 흰죽을 쑨다.

2 불을 조정하면서 뜸 들이고 찹쌀 낱알이 완전히 다 퍼질 때까지 끓인다.

찹쌀죽을 쑤는 이유는 이 찹쌀은 원래 이 재료가 원래가 찹쌀이거든요. 그게 법주는 재료가 원래 찹쌀이기 때문에 모든 걸 다 찹쌀로 하는데 누룩 만드는 것만 멥쌀로. 그렇게 구분되어 있어요.

여기 물의 양은 어느 정도가 적당합니까? 물의 양은 물하고 쌀하고 다 발효가 되면은 얼마나 되는가 하면 아까 이게 10분의1이면 10분의1을 어떻게든지 넣든지 간에 10분의1을 넣으면 예를 들어서 10킬로를 끓인다 하면 10킬로에 대한 물을 넣어야 되잖아요. 그럼 물은 그거(물의 량)는 얘기를 못 해요. 물이 노하우입니다. 물 양이 노하우라고요. 그 물 양에 따라가 술이 달라지기 때문에 그거는 얘기할 수가 없어요 물은. 술 담는 것도 마찬가지고. 덧술도 급수(물)가 들어가잖아요. 급수가 아주 적게 들어가면 그 양도 공개를 안 합니다.

저희가 기록영화와 도서에 오픈을 안 해도 이 양이 얼마인지도 말씀해주실 수 없는 건가요? 오픈 안 하고 얘기할 수가 없잖아. 그러면 그걸 오픈하게 되면은. 어느 누구도 이거하고 똑같이 담아요. 저 술을 담을 줄 아는 사람은 똑같이 담기 때문에 그래서 이거는 노하우로 발표를 안 하는 거예요. 그거 발표한 거는 세무 세무사 신청서류 밖에 공개한 게 없어요.

지금은 주모(밑술)를 만들기 위해서 찹쌀 흰죽을 끓여요. 찹쌀 양은 내가 담고자 하는 양의 1/10, 100kg을 담고 싶으면 10kg, 40kg을 담고 싶으면 4kg, 십 분의 일을 흰죽을 쒀요

찹쌀을 솥에 붓고 주걱으로 저어 죽을 쑨다.

몇 분 정도 끓입니까? 시간이 몇 분은 정확하게 말씀을 내가 안 드릴라 하는 게 아니고 드릴 수가 없어요. 그때 상황에 따라서 이 감을 잡을 때까지 끓이는 거예요. 한 시간 넘게 걸리지. 그냥 우리가 말하는 일반 죽 쑤면 죽을 풀 끓으면 죽이 거의 다 되잖아요. 이거는 그거하고 다르게 안에 찹쌀 낱알이 백프로 퍼져야 되요. 이래놓고 또 뜸 들이면서 하고 조금 이따 가는 또 불도 조정해야 되고. 옛날에 나무 불을 땔 때는 장작 불 붙었는 걸 앞으로 전부 끄집어 내가 물을 좀 축여가지고 불을 좀 죽이고 그 다음 또 이제 열을 올려야 되면 그걸 또 안으로 집어넣고. 그렇게 했어요. 요새는 뭐 가스니까 더 편리하죠.

누룩하고 찹쌀죽하고 어떤 게 더 중요한 거 같아요? 중요한 거는 누룩이 제일 중요하죠. 네. 술을 만드는데 있어서 첫 번째가 누룩이에요. 두 번째는 온도. 누룩에도 온도, 발효하는. 주모 발효도 온도. 그 다음에 밑술 온도 덧술 온도 다 온도. 그 다음에는 온도. 누룩이 첫 번째. 누룩이 잘 돼야 그 좋은 누룩 가지고 밑술도 술도 다 좋게 나올 수 있는 걸 만들 수가 있어요.

왜 찹쌀죽 비밀은 안 알려주세요? 찹쌀죽 이거 만들 때 왜 그 물의 양은 안 알려주세요? 물 양. 10킬로 찔 때 대충 얼마 들어가는지? 술이라는 거는 각 가정마다 각 지역마다 다 특색이 있는 그 왜 얘기하냐 하면 어떤 집에는 물을 10킬로 붓

1 찹쌀죽의 농도는 죽을 떨러 뜨러 보면 알 수 있다.

2 찹쌀죽은 완전히 식혀서 누룩과 혼합하여 밑술을 담는다.

고 어떤 집에는 20킬로 붓고. 그 따라서 맛과 향이 달라집니다. 막걸리가 물이 보통 얼마나 붓는지 하면 막걸리 산성 가서 보셨으면 알지만 그 한 300프로 될 거예요. 정종이 얼만지 아십니까 정종이? 일반적으로 나온 게 150프로에요. 그 원래 대비. 그거는 공식적으로 대기업에서 다 하는 것이기 때문에 그것만 공식적으로 나와 있는 것이지 나머지는 각 막걸리도 어떤 집에는 10킬로 가지고 닷말 나왔는데 어떤 집에는 너말 반 나오고 어떤 집에는 닷말 반 나오고. 달라요. 그건 그 집마다 특색에 물 양을 조정하기 때문에 그래요.

그 비법은 어머니께 전수 받으신 거죠? 그 양을 그대로 지금 유지하고 계신 거죠?

그 양은 400년 동안 똑같아요. 400년 동안 줄이지도 안하고 늘이지도 안하고. 돈을 벌라 하면 물을 늘여야 되요. 옛날에 뭐 술장사 물 타면 되는데 돈 안 버는 사람 없다 그런 이야기들 많이 하는데 욕심이 있으면 그렇게 되요. 그러면 그게 어떻게 같을 수 있느냐 도수가. 물을 더 넣는데. 그러면 또 누룩을 더 넣고. 여러 가지 방법이 있기 때문에 그거는 얘기를 안 하는 게 정상입니다. 남들이 다 안다 그래도 얘기 안 하는 게 정상이에요.

물이 끓으면 불린 찹쌀을 넣고 쌀이 눌어붙지 않도록 계속 저어준다. 찹쌀이 충분히 잘 퍼지도록 하기 위해서는 솥뚜껑을 닫고 약 20분가량 불기운을 적당히 조절하며 기다려야 한다.

옛날에 나뭇불을 땔 때는 장작불을 꺼내서 물을 적셔서 불을 죽이고, 열을 올릴 때는 안으로 넣고 하면서 조절했죠. 요즘은 가스로 하니까 편리하죠. … 묽게 떨어지는 거, 점도 보고 알아요.

(찹쌀죽이) 그 정도 농도가 괜찮은가요? 이거 이제 이 묽게 떨어지는 거. 이 점도 보고. 예 됐습니다.

얼마나 식혀야 됩니까? 하루정도 있다가 예. 그래야 내일 해 넣으면 모레 밑술 덧술을 내일 식으면 내일 주모를 담잖아요. 밑술을 담으면 모레 덧술을 담을 수 있는

② 누룩 빻기

알맞게 잘 쑨 찹쌀죽은 퍼내어 열기가 완전히 없어질 때까지 식힌다. 죽이 식는 동안 법제해 둔 누룩을 돌절구에서 빻는다. 잘 뜬 좋은 누룩으로 분쇄하여 밑술을 담근다. 누룩은 절구에 넣어 빻아주고 체로 친다. 미세한 굵기의 차이에 따라 발효의 결과가 달라지기 때문에 누룩가루의 굵기를 잘 살펴야 한다. 좋은 누룩만 골라서 마당에 있는 절구에 넣고 찧는다. 보유자 최경이 돌절구에 누룩을 빻고, 부인 서정애가 채로 친다.

어떤 과정입니까? (서정애 : 누룩 가루로 만드는 누룩 분쇄하는 과정) 지금은 누룩을 다 발효 시켜서 건조해놓은 거를 술을 담기 위해서 다시 분쇄를 하는 작업을 합니다.

1 법제해 둔 누룩을 빻기위해 준비한다

2 말린 누룩을 적당한 크기로 쪼갠다.

3 나무절구로는 누룩이 단단해서 빻을 수 없다.

4 보유자 최경이 돌절구에 누룩을 빻고, 부인 서정애가 채로 친다.

5 누룩은 절구에 넣어 빻아주고 체로 친다.

6 빻은 누룩 굵기에 따라 발효의 결과가 달라지기 때문에 누룩가루의 굵기를 잘 살펴야 한다.

안 힘드세요? 이거는 힘이 말도 못하게 힘들어요.

절구가 옛날부터 쓰던 건가요? (서정애 : 옛날부터 있었지) 나무 절구는 빻지를 못해요 나무절구는 이게(누룩) 여물어요(단단하다). 여물어서 나무와 나무하고 부딪치면 파쇄가 잘 안 돼. 그래서 옛날에 이거(절구)는 돌이고 그 옛날에도 쇠는 신라 때부터 이런 쇠가 나와요. 절구용으로.

누룩은 어느 정도 분쇄를 해야 됩니까? 지금 채가 조금 보드라운데 이거보다 좀 세게 이거 옆에 놓은 거 여 보시라고. 이 이상 안 굵으면 되요 이 이상 안 굵으면. 다 이 정도로 빻으면 돼. 이거보다 채가 조금 넓어야 되는데.

아주 가늘게 빻을 필요는 없네요? 없어요. 가루를 내면 (안 됩니다). 안 돼가 안 되는 거보다도 너무 다 퍼지잖아요. 그러면 여기에 효모 효소가 이 안에 있던 게 가루로 되면 더 잘 될 걸로 알고 하는데 이게 가루 되면 이게 전부 위로 뜨잖아요 섞으면. 그러니까 이런 게 밥알 사이에 계속 같이 돌아다니면서 안착이 돼가 거기서 나와가 발효를 시키기 더 좋아요. 또 가루로 되면 여기 물로 하면 위로 올라와 버리지. 어느 정도 약간의 크기로 분쇄하는 게 좋아요.

이거 이상 안 굵으면 돼요. 이 정도로 빻으면 돼요. 가루를 내면 안 돼요. 여기에 효모 효소가 이 안에 있던 게 가루가 되면 더 잘될 거라고 알고 하는데 가루가 되면 위로 뜨잖아요. 섞으면, 이런 게 밥알 사이에 같이 다니면서 안착이 되어 발효를 시키기 더 좋아요.

③ 술독 소독

누룩가루가 준비되면 밑술을 담을 독을 소독한다. 술맛을 결정하는 발효과정을 위해서 보유자는 모든 과정을 세심하게 관리한다.

(항아리 뒤집고) 이렇게 해서 불 피울 거예요.

안에다가요? 이렇게 해서 불 피운다고. 이렇게 해서 이래 불을 넣고 여기도 이렇게 해서 불 넣고. 이거는 밑술 담기 위한 단지 소독. 재래식 소독입

1 밑술을 담을 독을 소독한다. 술맛을 좌우하는 발효과정에서 잡균을 없애야 한다.
2 짚을 태워서 연기와 열로 독 안의 잡균을 없앤다.

니다. 짚을 태워서 안에 연기로 잡균이 죽어요. 그래서 잡균 제거하기 위해서 짚으로 소독합니다.

(짚에 불 붙여 항아리에 연기 쏘이고 엎어두면서) 이렇게 해줘야 밑으로 끝을 밑으로 낮추고 저 안으로. 안으로 더 밀어 넣어. 그리고 엎어버려. 이래가 이제 좀 두는 거는 이거 단지 내부에 숨구멍이 있으니까 그 숨구멍에 다 연기가 들어가서 죽이라고. 그래 여기서 한참 뒀다가 그 다음에 엎어가지고 이 마른수건 가지고 옛날 수건 가지고 탁 털어내고 그냥 담을 수도 있고. 이걸 그냥 뜨거운 물에 한번 더 행궈서 담을 수도 있고 그럽니다.

연기는 얼마나 이렇게 뒤집어 놓아야 됩니까? 아 이거는 한 5분 정도면 더 있으면 괜찮아요. 옛날 그대로 하면 이거 하고 또 한가지가 또 있어요. 옛날에는 유황. 유황 있죠? 유황에 불을 붙여서 놔두는 거는 한 30분 걸립니다. 요즘 유황하는 데는 잘 없습니다.

1 짚에 불 붙여 항아리에 연기 쏘이고 엎어둔다.
2 짚불로 소독하고 단지 속은 수건으로 닦아내고, 외부는 끓인 물로 행군다.

이 정도면 충분히 소독 되겠네요. 짚으로 하니까? 짚으로 요즘 주로 많이 하고 있어요. (항아리를 바로 세우면서) 여기 한번 짚어보세요. 여기에 뜨겁습니다. 짚이 그거라도. 우리 어릴 때는 이거를 그냥 수건 가지고 싹 닦아내고 이거 그대로 담아요. 그러면 이제 바깥으로는 물로 뜨거운 물 끓여가 한번 행구라 하고 안으로는 그냥 담아.

이거는 밑술 담기 위한 단지 소독, 재래식 소독입니다. 짚을 태워서 안에 연기로 채우면 잡균이 죽어요.

④ 찹쌀죽과 누룩 섞기

누룩과 찹쌀죽 준비가 끝나면 완전히 식혀 준비한 찹쌀죽에 함께 반죽할 누룩가루를 붓는다. 밑술에 쓰일 찹쌀죽과 누룩가루의 비율은 덧술의 양을 가늠해 정하게 된다. 누룩의 양은 밑술 담글 때 100% 전체 양을 넣는다. 덧술을 담글 때는 술독 위 아래에 약간 뿌리는 것 외는

1 적당한 크기고 빻은 누룩과 완전히 식힌 찹쌀죽을 섞어 밑술을 담는다
2 찹쌀죽의 양은 덧술에서 담고자 하는 양의 1/10이다. 누룩의 양은 밑술에서 모든 양, 100%를 넣는다.

누룩이 거의 들어가지 않는다.

어떤 과정입니까? 지금은 누룩을 완전히 다 발효시킨 다음에 누룩을 분쇄해서 이 누룩을 가지고 밑술을 담는 과정입니다. 밑술은 흰죽을 끓여서 거기에다가 누룩을 섞어 밑술을 만들어요. 밑술을 담고자 하는 양의 10분의 1을 흰죽을 끓여요. 그 10분1 흰죽을 끓인 데서 담고자 하는 양의 거의 100프로 누룩을 이 밑술에다가 섞어요. 그 덧술을 담고자 하는 양의 100프로 이 누룩을 밑술에 다 넣어요. 그래서 밑술을 발효시킨다고. 그러면 그 밑술을 가지고 조금 전에 말씀드린 덧술을 담는데 고두밥하고 이 밑술 하고 섞잖아요. 특별한 거는 없고 이제 (찹쌀) 흰죽 하고 누룩하고 잘 섞어 가지고 발효하는 온도가 중요해요. 그 발효가 온도가 낮으면 발효가 안 되고 온도가 너무 높으면 시어지고. 이 밑술이나 덧술이 다 너무 시어지면 안 되거든요. 그래서 그 과정이 중요하지 담고 하는 거보다는 발효 과정이 더 중요합니다.

(밑술의 누룩) 양은 지금 얼마나 넣으시는 거예요? 누룩 양은 얼마다 이렇게

얘기하기가 좀 애매해요 이게.

죽 쑨 거하고 거의 일대일 비율로 지금 넣는 건 아니시고요? 비율이 1대1이 1대1로 하는 게 아니고 약 1.78대1 정도 보시면 될 거예요.

밑술은 (덧술을) 담고자 하는 양의 1/10을 흰죽을 끓여요. 1/10 흰죽을 끓인 데서 덧술을 담고자 하는 양의 100% 누룩을 이 밑술에 다 넣어요.

찹쌀죽과 누룩의 비율은 1:1.78 정도이다.

어느 정도 (찹쌀죽에 누룩 섞어) 치대야 됩니까? 고루고루 여기 누룩이 들어갔는 게 보한 게(하얀가루) 안 보할 정도로 잘 섞이도록 그렇게 해야 돼. 이걸 섞어도 역시 풀같이 이렇게 붙거든요. 붙는데 이거 발효가 시작하게 되면 물이 되요. 손에 붙는 게 없어요.

발효가 금방 시작 되나요? 지금은 물이 많이 없이 보이는데 물이 거의 없어요 이게. 거의 없이 그러니까 물 양을 말씀 못 드리는 게 지금 보시면 시간이 지체돼서 조금 더 쥐어졌어요. 수분이 날아가서. 그리고 물을 많이 부으면 이게 물러지고. 그래서 물(의 양)을 얘기를 못 하는 게 막걸리 하면 더 묽게 하고 이거 보다가 더 무르게 물 넣고 하더라도 이보다 더 무르게 하는 게 일반적인 거예요. 처음부터 말씀 드렸지만 술 양이나 모든 게 급수나 이런 게 다 적으니까. 그래서 술이 맛이 진합니다. 다른 술보다가. 혹시 나중에 술 맛을 비교를 해보시면 일반 정종이나 이런 술하고 우리 법주하고 비교했으면 느낄 수가 있을 거예요.

찹쌀죽과 누룩가루가 골고루 섞이도록 버무려 주는데, 찹쌀죽의 찰기와 바짝 마른 누룩가루를 반죽하는 과정이 녹록지 않다. 한참을 반

1 쌀죽과 누룩가루가 골고루 섞이도록 버무려 준다.

2 처음에 뻑뻑했던 찹쌀죽과 누룩 반죽은 한참 반죽하다 보면 서서히 발효가 시작되면서 점점 묽어진다.

3 누룩의 하얀 가루가 안보일 정도로 잘 섞어야 한다. 발효가 시작되어 기포가 생기고 뻑뻑했던 반죽은 점점 묽어진다.

4 반죽을 하면서 발효가 되어 묽어지면서 손에도 묻는 것이 없다. 처음에 손에 묻던 반죽도 쉽게 떨어진다.

5 발효가 시작되면 묽어져서 물이 된다. 손에 달라 붙는 게 없다.

6 밑술 반죽은 힘이 많이 들어 보유자 최경과 부인 서정애가 함께 작업한다.

죽하다 보면 서서히 발효가 시작되는데, 기포가 생기고 빽빽했던 반죽은 점점 묽어지게 된다. 찹쌀죽과 누룩가루가 잘 섞이고, 발효가 시작되어 밑술이 묽어지면 항아리 옮겨 담는다.

다른데 주모(밑술)하고 다르니까 이걸 섞어도 풀같이 붙거든요. 붙는데, 발효가 시작하게 되면 물이 돼요. 손에 붙는 게 없어요.

(밑술 퍼서 항아리에 담으면서) 처음 뜰 때보다 밑에를 내려가면서 점점 더 물러지거든. 물지니까 다 많이 흘린다고요. 벌써 발효가 시작이 되는 거예요. 그게 처음 섞을 때보다 퍼담으면 물러서 이렇게 처음에는 안 떨어져도 갈수록 이게 묻어요. 옛날에는 수건이 광목이나 옥양목 밖에 없어요 휜천이. 그걸 두르거든요. 그걸 걸쳐놓고 해요.

지금 하시는 이 양은 얼마 정도 됩니까 독에 들어가는 양이? 술양이 밑술 양이 얼마 정도 되는 겁니까? 지금 발효가 되기 전에 양하고 발효가 된 양하고 다르기 때문에 말씀을 그거는 측정한 게 없습니다. 그냥 이 양에 이렇게 하면은 이런 정도 나온다 하는 것이지 그걸 옛날 현대식으로 이 자꾸 양을 갖다가 강조를 하는 거는 재래식은 안 맞아요.

이제 저기 밑술이 다 끝난 겁니까? (항아리 속 밑술 들여다보면서)이래서 이제 발효를 시키도록. (항아리 입구 삼베로 덮으면서) 온도가 높은 데로 옮겨줘야 되요 이거를. 지금 여기서 하니까 그런데 원래는 그 방에서 그대로 담아가 그대로 두거든요. 아까 그 방에서. (서정애 : 발효실) 옮겨서 열을 올려서 발효를 시켜야 되요.

(밑술을) 며칠 동안 숙성을 시키고, 언제 덧술 담금니까? 여기 밑술을 작업은 여기 일단 끝나고 저기 가서 발효시키는 거를 24시간은 최소한도 발효를 시

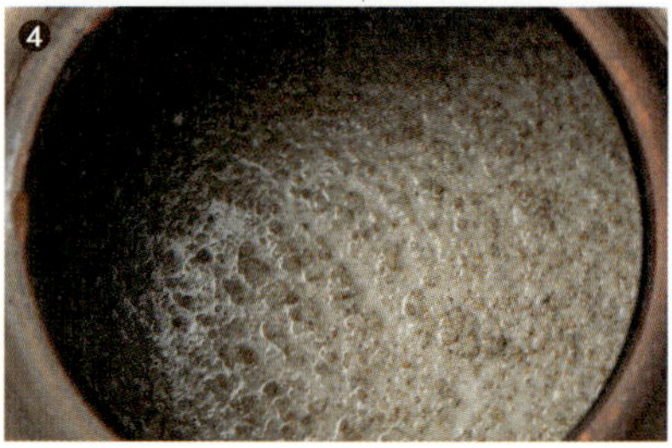

1 찹쌀죽과 누룩가루가 잘 섞이고, 발효가 시작되어 밑술이 묽어지면 항아리 옮겨 담는다.

2 예전에는 흰 천으로 항아리 주변을 두르고 밑술을 옮겨 담았다. 처음 담을 때는 흘리지 않은데, 갈수록 묽어져서 많이 떨어진다.

3 밑술은 항아리에 옮겨 담으면서도 발효가 된다.

4 밑술은 3~5일 정도 발효시키고 덧술을 담는다. 요즘은 냉장시설이 있어서 48시간이 되면 덧술을 최대한 빨리 담을 수 있다.

켜야 되요. 24시간. 그 다음 48시간 되면 덧술을 최대한 빨리. 요새는 아까 들어가서 아시겠지만 냉장시설이 있으니까 그렇게 빨리 할 수가 있어요. 옛날에는 냉장시설이 없으니까 3일에서 5일 옛날 기준으로 그래요.

지금은 빠르면 24시간 정도면? 48시간 정도면 덧술을 담을 수가 있어요.

그때까지 온도는 어느 정도 맞춰 주어야 됩니까? 재래식은 옛날에 이걸 먼저 생각하시면 옛날에는 방에다가 그냥 넣고 여기에 이불을 둘러 씌우거든요. 그러면 옛날 방 온도가 10도. 근데 밑에 불은 때잖아요. 그게 바닥은 뜨겁고 공기는 10도에서 내외. 이래 되니까 이불을 둘러씌웠어. 그래 요즘은 전체적으로 온도 조절을 잘 할 수 있는 난방이 잘 되니까 이불을 굳이 안 둘러도 되는데.

거기 가서 이불을 둘러놓고 놔두면 온도가 갑자기 30도, 지금 여기 했는 거를 30도로 방에다가 바로 넣으면 안 되요. 이 온도에서부터 서서히 이렇게 올라가야 돼, 방 온도도. 옛날 불 때서 하는 거와 똑같이. 담았다고 해서 온도 30도 현재에는 30도 한다 하고 해서 30도 온도에다가 바로 갖다 집어넣는 게 아니고. 가서 놔놓고 발효도 서서히 발효를 해야지 갑자기 온도를 높여가지고 발효하면 안 되요.

여기가 발효실인가요? 예. 여기가 발효실에 이제 여기에서 다 섞어서 넣은 거를 단지 이걸 발효시키기 위해서 이 요즘 상하 온도가 잘 되더라도 이불을 덮어줘야 되는 이 독이 밑에 요 들었는 데하고 여기하고 온도 차이가 생겨요. 그리고 독이 열을 받으면 더워지는 온도가 늦어져요. 그래서 찬 공기가 있으면 또 한번 식으면 오래 가고. 그래서 이걸 둘러줘야 돼. (항아리에 이불 두루면서) 그래서 이걸 둘러주고 그러면 여기에 찬 공기가 들어오든 뜨거운 공기가 들어오든 거의 완충역할을 해주니까 그래 안에 일정한 온도로 올라갔다가 발효가 끝나면 다시 내려가요. 온도도 내려가고 이 발효된 것도 내려가고.

온도를 일정하게 유지하는 기능인가요 이불이? 아까 하는 게 온도가 갑자기 지금 바로 담았다고 여기 30도가 바로 올라가면 안 좋다 하는 이유가 그래서 그래요. (고무줄로 이불 고정시키고 항아리 입구를 삼베로 덮어주면서) 옛날부터 이걸 덮는 거는 첫째는 이 식초 초파리 들어가지 못하게 방지하고. 그 다음에 안에 발효될 때 온도를 오픈보다는 이걸 해놓으면 좀 더 늦게 안에 있는게 식잖아요 천천히. 열이 발산이 될 때 확 빠져버려도 안 되니까 천천히 발아

1 발효를 위해서 온도를 서서 높여야 한다. 갑자기 온도를 높이면 발효가 안된다.

2 밑술 발효를 위해 통풍이 잘되는 삼베로 뚜껑을 덮고 이불로 잘 감싸 첫 밤을 보낸다. 이불은 찬 공기가 들어오던 뜨거운 공기가 들어오던 완충 역할을 한다.

3 단지 안에서 발효가 시작되면 적절한 온도와 소리를 살핀다. 온 정성을 다해야 좋은 밑술을 얻을 수 있다

저 온도가 천천히 밖으로 나가도록 하기 위해서 그래 삼베로서 가려요.

밑술 처음에 발효시킬 때는 온도가 조금 높은 편이네요? 지금 바로 담고는 높은 편이죠. 이래가 놔두면 내일 아침에 와서 한번 보시면 지금 상태하고 좀 달라져가 있어요. 그리고 이거는 내일 되면 거의 물 상태가 됩니다.

밑술 작업은 일단 끝났고 발효시키는 걸 24시간 최소한 발효시켜야 돼요. 48시간 되면 덧술을 최대한 빨리, 요즘은 아까 들어가서 아시겠지만 냉장 시설에서 빨리할 수가 있어요. 옛날에는 냉장 시설이 없으니까 3~5일 옛날 기준으로 그래요.

밑술 발효를 위해 통풍이 잘되는 삼베로 뚜껑을 덮고 이불로 잘 감싸 첫 밤을 보낸다.

이불을 둘러주고, 그러면 여기에 찬 공기가 들어오던 뜨거운 공기가 들어오던 완충 역할을 해주니까 안에 일정한 온도로 올라갔다가 발효가 끝나면 다시 내려가요. 온도도 내려가고 발효된 것도 내려가고

단지 안에서 술 익는 소리와 함께 밑술의 발효도 시작된다. 적절한 온도와 소리를 살피며 온 정성을 다해야 좋은 밑술을 얻을 수 있다.[41] 밑술의 발효기간은 예전에는 3~4일이다.

---

41 경주교동법주 제조에 사용하는 주모의 특징은 우리나라 토종인 통밀과 백미 흰죽으로 제조된 누룩을 사용하여 찹쌀 고두밥으로 담겨 만든 주모(酒母)로서 각종 국균과 효모가 다양하게 어울어려 빚어진 주모이므로 독특한 향미(香味)를 나타내며 왕성한 발효력을 지니고 있다(김동욱·노완섭, 앞의보고서(1985), 119쪽, 찹쌀죽이 아니라 찹쌀 고두밥으로 주모를 만든다고 기록되어 있다.)

(2) 덧술담기

덧술은 미리 담겨 놓은 밑술과 찹쌀고두밥, 물과 함께 빚는다. 경주 교동법주 덧술담그기는 ① 찹쌀씻기, ② 고두밥 찌기, ③ 밑술과 고두밥 섞기, ④ 발효의 순으로 진행된다. 덧술에 들어갈 고두밥을 만들기 위해 먼저 잘 도정한 찹쌀을 준비한다.

① 찹쌀씻기

찹쌀에 물 붓고, 씻는 과정에 특히 정성을 다한다. 수백 년을 한 집안의 맥을 잇는 가양주로써 법주를 지켜올 수 있었던 것은, 작은 과정 하나하나를 소홀히 하지 않는 정성과 신념이 있었기 때문이다.

도정은 보통 12분도 하는데 거기서 10% 더해서 쌀눈을 떨어뜨리는 겁니다. 쌀눈이 있으면 술이 발효될 때 안 좋은 현상이 있어요. 쌀이 싹을 틔우는 현상이 쌀눈에서 일어나잖아요. 쌀눈 없이 술을 담으면 뒷맛이 깨끗해요.

이 안에 겉에 붙어있는 뿌연 거는 다 떨어져야 해요. 일차적으로 안 치대면 그게 그대로 붙어서 술을 하게 되면 밑으로 침전을 시키게 되는데 더 많이 앉아요. 이게 많이 앉으면 날씨가 더우면 거기서 발효해서 술이 변질이 돼요.

어떤 작업입니까? 지금은 고두밥을 찌기 위한 작업인데 찹쌀을 씻어야 되요. 세미를 해야 돼. 찹쌀을 깨끗이 씻는 거는 이 찹쌀을 보면 일반 밥 해 먹는 쌀보다 더 많이 깎아서 했기 때문에 가에 보한 먼지가 많이 묻어 있어요. 그러면 눈을 없애고 했기 때문에 그 보한 걸 다 씻어내야 되요.

도정을 얼마나 한 겁니까? 도정은 보통 그 12분도 이렇게 하는데 거기에서 한 10프로 더 해서 쌀 눈을 떨어뜨리는 겁니다. 쌀눈이 있으면 술이 발효될 때 안 좋은 현상이 있어요. 그건 뭐냐 하면 쌀눈 자체가 쌀이 싹을 틔우는 현상이 쌀눈에서 일어나잖아요. 그러면 거기에서 모든 말하자면 그 안에 쌀 전체의 단백질의 양분을 갖고 거기 싹을 틔우는데 그것이 없고 안에 순수한 단백질로서 술을 담으면 술이 더 말로 하면 실패율이 없고 맛도 좋고. 맛이 뒷맛이 깨끗해요. 하나 비교를 하면 외국에는 30프로에서 50프로까지 깎아요 쌀 한 알에. 그렇게 동글동글하게 깎는데 우리나라 도정기술은 아직 그렇게 되지 않기 때문에 한 10프로 정도에서 최고 15프로 정도 더 깎아내요. 우리가 15프로까지 깎 아가지고 했는데 15프로 깎으니까 너무 쌀이 많이 파손이 돼. 그래서 10프로로 이제 고정 시켜서 깎고 있어요.

일반 찹쌀 도정은 12분도인데 경주교동법주에 쓰는 찹쌀은 한번더 도정한다. 쌀눈이 없으면 술 뒷맛이 깨끗하다.

찹쌀 양이 밑술보다 얼마나 더 많습니까? 밑술을 할 때 우리가 담고자 하는 10분의 1을 넣잖아요. 그러니까 덧술은 10배를 보시면 되요. 밑술이 1킬로 했으면 덧술은 10킬로를 한다는 얘기.

그 양은 딱 그렇게 정해놓으신 건가요? 경험에 의해서 그렇게 과거부터 그렇게 하는 게 가장 적당하다 해서 쭉 내려오는 거예요. 우리가 임의로 정한 게 아니고. 선조들이 해오신 방법대로 하는 게 그게 제일 낫다. (찹쌀을 씻으며) 밥에 넣는 거보다가 처음 바로 물 넣어서 섞으면 씻으려고 하면 더 부옇잖아요. 이 상태를 보면 이게 전부 겉에 도정하면서 처음 한 그 껍질만 벗기

1 찹쌀은 한번 더 도정을 했기 때문에 먼지 등이 많아 깨끗하게 씻어야 한다
2 찹쌀에 물 붓고, 씻는 과정이 중요하다.
3 찹쌀을 씻을 때 '백세한다.'라고 한다. 백은 "100번 씻는다", "깨끗하게(白) 씻는다"은 뜻으로 아주 깨끗하게 씻는다는 뜻이다

는 거보다가 요 눈을 떨어뜨린다고 껍질보다 좀 더 깎으니까 이렇게 부허케 되요. 그렇다고 해서 이거를 씻는데 한번 정도만 이렇게 많이 치대주고 두 번 세 번 하게 되면 계속 물이 부허케 나와요. 쌀이 껍질이 깎였기 때문에.

(찹쌀을 계속) 많이 치대는 이유가 있나요? 이 안에 이 겉에 붙었는 거 부헌 거는 다 떨어져야 돼 1차적으로. 안 치대면 그게 그대로 붙어가지고. 술을 하게 되면은 밑에 침전을 시키는데 더 많이 앉아요. 그게 많이 앉으면 날씨가 더우면 거기서 발효를 해가 술이 다 된 술도 발효를 해가 변질이 되요.

1 뜨물이 맑을 때까지 치대어 씻는다. 덜 씻으면 침전물이 많고, 날씨가 더우면 과발효될 수도 있다.
2 깨끗이 씻어 건져 놓은 찹쌀

그래서 이 씻는 게 30분 이상 걸려요.

씻는데만? 네. (조카 최홍진) 백세요 백번 씻는 게. 흰백 자도 되고.

(찹)쌀은 몇 번까지 씻는 거예요? 몇 번 횟수가 없어요. 왜냐하면 이 부헌(부옇) 물이 거의 좀 빠질 때까지 헹궈줘야 되요. 100프로 하는 거는 쌀이 계속 얼렁거리면 자꾸 부허케 나와요 쌀 마찰에 의해서. 그러니까 그게 위에 어느 정도 된다 하는 건 우리가 눈으로 보고 이 정도면 괜찮겠다 하면 쌀을 건져. 그래 요래 보면 요 올라오는 물이 어느 정도 맑게 조금씩 올라오니까 그거 보고 그만 하고 쌀을 건져야지.

찹쌀의 지방성분은 효모증식을 억제하고, 효소활성을 낮추고, 신맛, 쓴맛에 매운맛까지 발현된다. 쌀의 지방을 줄이기 위한 선택은 고문헌은 백세(100번 치대어 씻기), 지방이 낮은 쌀 품종 선택 방법이 있다. 지방이 낮은 쌀은 찰기가 떨어져 밥맛이 푸석하고, 반면에 술은 아주 잘된다. 그러나 벼 품종은 술맛이 아니라 밥맛이 좋은 쪽으로 개발된다. 술맛이 좋은 쌀의 품종 개발은 난망하다.

수고스럽지만 조상의 방식을 이어가며 한결같은 술맛을 이어가고 싶은 보유자의 마음 때문에 어느 과정 하나 자신의 손이 닿지 않는 곳이 없다.

② 고두밥 찌기

정성껏 씻은 찹쌀은 시루에 옮겨 담는다. 시루본은 보유자의 부인인 서정애 경주교동법주 이수자가 만들어 붙인다.

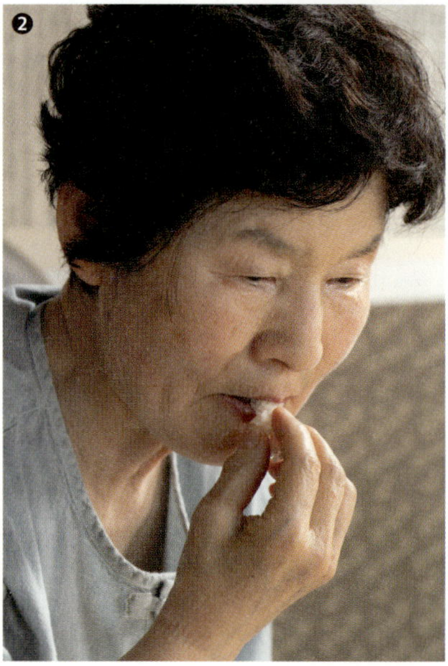

1 고두밥 찔 때는 부인 서정애의 역할이 절대적이다.
2 고두밥 찔 때는 부인 서정애와 함께 진행한다.

시룻번 만듭니다. 시룻번은 시루하고 솥하고 그사이에 나오는 김을 막기 위해밀가루 반죽을 해서 붙입니다. 뜨거운 김이 나오는데 그걸 뭐로 막겠습니까. 쇠도 안되고 고무도 안 되고 실리콘도 안 되죠. 그러니까 밀가루로 반죽을 해서 만들어요. 옛날 어른들이 그렇게 하셨기 때문에 우리도 그렇게 해요.

뭐 만드시는 거예요? 지금은 고두밥을 찌기 위해서 요 시루를 시룻번(시루본)을 붙여 가지고 김이 안 새도록 작업을 하는 거예요. 시룻번을 붙이면 여기로 김이 새면 안 되니까 김은 전부 일루 올라와야 되거든요. (밀가루를 반죽하는 서정애) 시룻번 만듭니다.

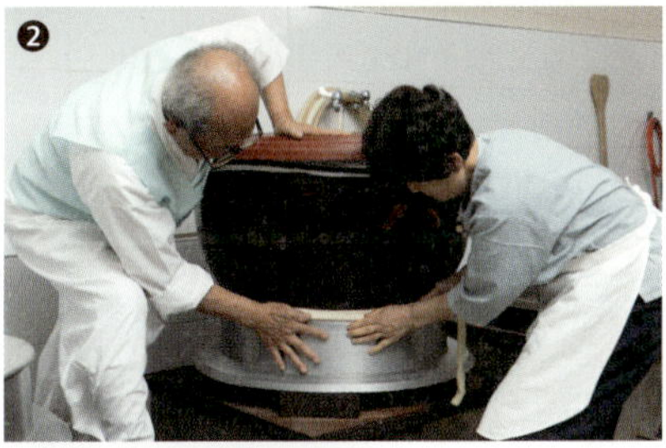

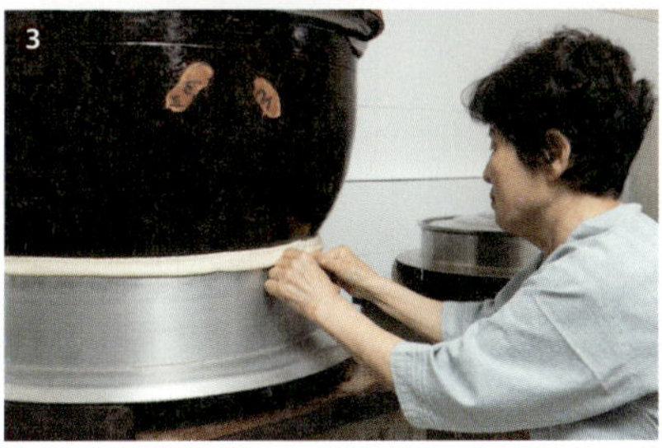

1 반죽한 시루본은 떡국처럼 길게 둥글게 만다.

2 솥과 시루 사이의 틈을 김이 나오지 않게 시루본으로 막음질 한다.

3 시루 올리는 일은 부인 서정애가 주로 맡아서 한다.

시루하고 솥하고 그 사이에 나오는 김을 막기 위해가지고 밀가루 반죽을 해서 붙입니다. 100도씨 이상 끓는 물이 김을 바깥으로 배출 하면 그거 뭐 아무거라도 막을 수가 없습니다. 뜨거운 김이 나오는데 그거 뭘로 막겠습니까. 쇠도 안 되고 고무도 안 되고. 실리콘도 거기는 안 되죠. 그러니까 이 밀가루로 가지로 반죽해서 옛날 어른들이 다 그렇게 하셨기 때문에 우리도 그렇게 하는 거예요. 더 좋은 재질이 있는지는 몰라도.

시루본을 만들 때 기술이 있습니까? 서정애 : 질면 그 솥 나중에 설거지 할 때 뗄라 하면 떼기가 힘들어요. 늘어붙어가지고. 그리고 적당한 물기로 해야 떨어질 때도 쉽고 붙일 때도 손에 안 붙고

수제비 정도? 서정애 : 그보다 조금 더 되게. 수제비 정도 수제비 정도는 안 되네. 질어서 안 돼. (시루본에 면띠를 덧대면서 서정애)

1 시루본은 부인 서정애가 밀가루를 반죽하여 만든다.
2 밀가루 반죽은 적당한 물기로 해야 한다. 시루에 붙일 때 손에 묻지 않고, 떨어질 때 쉽다.

열이 나면 이게 갈라지는 걸 방지하기 위해서 그래 이 젖은 걸 가지고 감아줘요. 여기에 시룻번 포(띠)를 안 붙이게 되면 불을 때고 하면 여기 물이 끓으면 100도가 되거든요. 100도가 넘고 하니까 여기 철이 여기 굉장히 뜨거우면 이 밀가루 자체가 동글동글 하니 갈라져요. 그러면 김이 일루 다 새. 그걸 방지하기 위해서 이 젖은 걸 갖다가 감아주면 여기 습기가 머금고 있지. 그러면 다 익을 때까지 여기 마르더라도 안에 이거하고 포하고 밀착이 돼서 벌어지질 않아요. 그래서 이걸 사용합니다. 재래식 방법 그대로. 옛날에 우리 선조들이 어떻게 이런 머리를 쓰셨는지 요즘 과학적으로도 증명이 되는 거거든요.

고두밥을 찔 때는 솥에서 김이 새 나가는 것을 막기 위해 시룻번을 붙인다. 이 시룻번은 밀가루로 반죽해 가늘게 한다. 솥과 시루 사이에

1 뜨거운 김이 나오는 시루 틈을 막는 것은 쇠도 안되고 고무도 안 되고 실리콘도 안 된다. 밀가루 반죽만이 시루 틈으로 새어나오는 김을 막을 수 있다.
2 밀가루 반죽 시루본을 붙이고, 다시 시루띠를 덧댄다.
3 솥과 시루 사이에 시루본과 시루띠를 붙여 시루를 올린다. 뚜껑을 덮고 20분 정도 찌면 김이 올라온다.

틈이 생기지 않도록 꾹꾹 눌러가며 붙인다. 시룻번을 잘 붙이면 그 위에 시루띠를 둘러준다. 이는 고온으로 밀가루 반죽인 시룻번이 갈라지는 것을 방지하기 위함이다.

서정애 : 밑에는 삼베고 김이 잘 올라올 수 있도록 이것은 고두밥 밥풀이 용기에 붙어서 눌지 말라고 이거는 옥양목으로 만들었어요. … 네 번을 나눠서 찝니다. 한 번에 찌면 중간이 익지를 않아요. 고두밥이, 그래서 네 번을 나눠서 … 여기서 고두밥 찌는 냄새가 골목에 들어오면고두밥 냄새가 나요. 구수한 게 … 이걸 혼자 20년을 했어요.

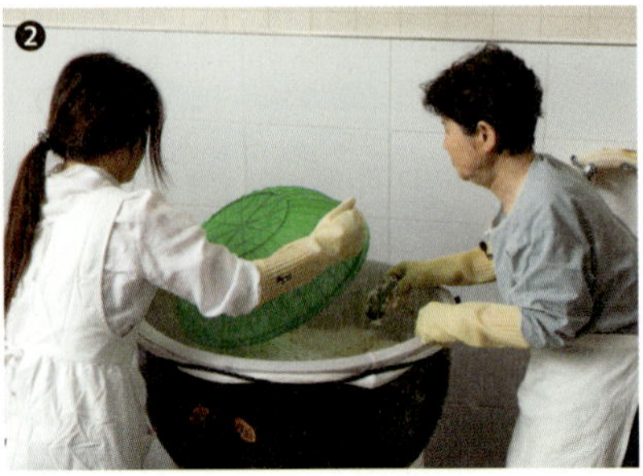

1 시루에 김이 올라오기 시작하면 물기 뺀 찹쌀을 시루에 넣는다.
2 한꺼번에 찌면 김이 올라오는 것이 더디다. 밑의 밥은 질고, 위의 밥은 설익는다. 그래서 고두밥을 네 번 나누어 찐다.

찹쌀을 바로 시루에 올린 겁니까? 올리는데 아직 시간이 있어야 돼. 이게 아직 덜 불었거든요.

불리는 시간이 얼마나 걸릴까요? 보통 3~40분. 그 다음에 불을 붙여 가지고 밑에 물이 끓어야 되잖아요. 김이 올라와야 그 다음에 이걸(찹쌀) 투입을 하지. (불린 찹쌀 맛보는 최경) 한번 씹어보세요. 그래야 불었는 거 정도 알 수가 있어. 쌀이 불으면 씹으면 싹 다 으슬게져(으슬어져) 버린다. 이제 건져놔도 쌀이 역시 또 붓거든요 지금 고두밥을 찌기 위해서 찹쌀 불린 거를 지금 고두밥 찌는 시작하겠습니다.

(한번에) 다 넣지 않고 요 정도만 넣는 겁니까? 한번에 네 번을 나누어서 찝니다. 한번을 찌면 중간이 익지를 않아요 고두밥이. 그래서 네 번 나누어서. 이걸 찌다보면 더 이해가 가실 건데 이렇게 해서 뚜껑을 또 덮어가지고 한 20분 찝니다. (시루에 덮개 덮고) 그러면 지금은 김이 안 나오지만 한 20분 되면 김이 또 올라와요. 김이 올라오면 다시 내리고 뚜껑을 내리고 밥을 다시 디벼(뒤집어)줘요. 그 디벼주고 난 뒤에 다시 쌀을 넣고 또 20분 찌고. 시간은 우리가 오랜 그 경험에 의해서 20분 하는 걸 대충. 옛날에는 그런 시간관념

1 주걱을 넣어보면 덜 익었을 때는 서걱소리가 나고, 다 익은 것은 소리가 나지 않는다.
2 정성을 짓는 마음으로 고두밥을 지으면 그 밥은 좋은 술의 재료가 된다.

이 없잖아요. 감으로 다 익었겠다 그러면 뚜껑 열어가 이걸 씹어봐요.

찹쌀을 이래 나눠서 찌는 이유가 있습니까? 서정애 : 한꺼번에 하면 김이 올라오는 게 더디고 밑에 거는 밥이 질어지고 위에 거하고 이래 수분이 못 이가지고 밑에 밥은 질고 위에 거는 잘 안 익고 그렇습니다.

(다 익었다는 것을) 어떻게 알 수 있습니까? 서정애 : 감으로 알 수 있어요. 주걱을 넣어보면 생쌀은 소리가 서걱 납니다. 이 익었는 거는 소리가 없잖아요. 여기서 고두밥 찌는 냄새가 저 골목에 들어오면 저 밖에 들어오면 고두밥 냄새가 나요.

여기 술 담그고 하는 거 몇 년째 하고 계십니까? 서정애 : 시집 오면서부터 했죠. 했는데 이게 지정 받은지가 우리가 86년도에 받았으니까 지금 28년 돼가. 아니다 86년도. 30년 넘네. 38년이다. 38년 지정은 받았지만 그 전에는 그 전부터도 계속 했으니까. 이렇게 대량으로 하진 않았어도 집안 대소사간에 사용하기 위해서 했고. 또 인정받기 전에 그 검사하는 조사기간 동안에 한 3, 4년 아마 했을 거예요. 그때도 쭉 했고.

시어머니부터 보유자 남편 보유자 되시고 옆에서 계속 도와주시는 거네요? 서정애 : 계속 도와준 거가 아니고 뭐 같이 했죠. 가신을 하다 보니까 이제는 내가 2선으로 완전히 2선으로 물러났어요.

고두밥 찔 때는 부인 서정애와 함께 진행한다. 경주교동법주 이수자이기도 한 서정애는 최씨 집안으로 시집와 시어머니에게 술 빚는 법을 배워 묵묵히 남편 곁을 지키고 있다. 경주교동법주의 숨은 내조자이자 공로자가 서정애다. 정성을 짓는 마음으로 고두밥을 지으면 그 밥은 좋은 술의 재료가 된다.

어느 정도 겉에 김이 없어지면 다시 뒤집어서 한번 식히고 그러다 보면 아주 차게는 식히지 않아요. 겨울 같은 경우는 아주 빨리 식어요. 그걸 조정을 해야 해요. 온도 조정을

③ 밑술과 고두밥 섞기

밑술과 고두밥, 누룩가루 그리고 끓여서 식힌 물이 준비되면 발효실[42] 덧술을 담게 된다. 덧술 버무리기는 미리 담가두었던 밑술에 고두밥을 넣는다. 그리고 끓여서 식힌 물을 넣어준다. 물은 반드시 끓여서 사용한다.

물은 왜 끓이시는 건가요? 왜 끓이는가보다도 술을 담을 때는 모든 게 곰팡이 이런 위주를 다 없애기 위해서 불순물을 제거해야 되잖아요. 우리 집

---

42 경주교동법주는 철저한 온도관리가 필요하다. 발효와 숙성을 위하여 경주교동법주에서는 발효 숙성실의 온도를 달리한다. 발효실, 발효 숙성실, 저장실, 사입실 등 단계적으로 발효와 숙성에 따른 공간의 온도를 낮추어 진행한다.

1 술이 잘 발효하기 위해서는 잡균을 없애야 한다. 잡균을 없애기 위해서 누룩 만들 때를 제외하고 모든 물을 끓여서 사용한다.

2 우물물을 사용할 때도 끓였고, 수돗물도 계속 끓여서 사용한다. 끓이면 거의 동일한 물이 된다.

3 100도에서 30분간 끓여도 죽지 않는 균이 있다. 최소 30분 이상을 끓여야 한다.

에서 작업하는 걸 쭉 보셨으면 아시겠지만 누룩 만들 때 이외에는 다 끓이는 거예요. 누룩만 끓이지 않고 작업을 하고. 그 대신에 누룩은 띄워서 곰팡이를 발생시키기 위해서 효모 효소를 가장 많이 넣기 위해서 띄우는 거. 그 띄우는 것도 5~60도 순간적으로 올라가니까 다른 잡균이 죽어요.

물이 지금 팔팔 끓고 있네요. 이 물 어디다 쓰시는 물입니까? 이거 이제 끓이는 물은 우리가 말하는 덧술을 담을 때. 고두밥 쪄서 식히고 그 다음에 주모 밑술을 만들었잖아요. 밑술하고 그 다음에 이 용수, 끓인 용수를 식혀서 배합하기 때문에 거기에 사용하려고 물을 끓이고 있습니다.

그 전에 우물물 사용하실 때도 계속 끓여서 쓰신 건가요? 우물물을 사용할 때도 계속 끓이고 수돗물도 계속 끓이고. 그래서 음용수 그냥 생수로 먹는 좋을 물도 좋지만 그 물이라도 우리는 끓이기 때문에 끓이면 거의 다 동일한 물이 되요. 똑같은 물로 사용을 늘 같은 물을 하지. 생수로 쓰면 계절 따라가지고 물에 차이가 있어요. 같은 물이라도. 제일 좋은 거는 생수도 평균 1년 내 15도 되는 생수가 제일 좋은 생수야. 펐을 때. 그러니까 무조건 하고 술은 발효되는 거기 때문에 잡균을 방지하기 위해서 모든 걸 다 끓여서 씁니다. 이걸 30분간은. 그냥 끓었다고 금방 퍼내면 역시 100도씨의 30분간 끓여도 죽지 않는 균이 있습니다. 그런 거와 마찬가지로 최저 30분은 끓여줘야 되요.

술은 발효되는 거기 때문에 잡균을 방지하기 위해서 모든 걸 다 끓여서 사용합니다. 우물물을 사용할 때도 계속 끓였고, 수돗물도 계속 끓이고 음용수 그냥 생수로 먹는 물도 좋지만 그 물도 우리는 끓이기 때문에 끓이면

찹쌀 고두밥은 대청에서 널어 식힌다.

다 동일한 물이 돼요 … 밑술 담은 지 제일 빨리할 수 있는 시간이 3일, 늦으면 5일, 3일에서 5일 사이에 덧술을 담습니다. … 밥이 찰기가 있으니까 뭉치잖아요. 그걸 낱알이 다 떨어지게 하는 거예요

고두밥은 어떻게 식혀야 됩니까? 서정애 : 예 그 자연 그대로 식히는 옛날에는 그래 했지만 지금은 뭐 선풍기나 이용해가지고. 어느 정도 식으면 뒤

1 누룩 효모가 온도에 민감하기 때문에 온도 조절이 술빚에서 제일 중요하다. 고두밥은 완전히 식혀야 한다.

2 어느 정도 겉에 김이 없어지면 다시 뒤집어서 한번 식힌다.

3 겨울에는 아주 빨리 식는다. 다른 계절에는 아주 차게는 식히지 않는다. 고두밥을 뺨 가까이에 대보면 대충 짐작이 간다.

4 경주교동법주의 술은 내조자이자 공로자가 서정애다. 경주교동법주 이수자이기도 한 서정애는 최씨 집안으로 시집와 시어머니에게 술 빚는 법을 배워 묵묵히 남편 곁을 지키고 있다.

집어서. 이 자연 그대로 그냥 시키는 수밖에 없고 또 이따가 또 어느 정도 겉에 김이 없어지면 다시 뒤집어서 한번 식히고. 그러다보면 아주 차지게 차대로 식히지는 않하지. 겨울 같은 경우는 빨리 식어요. 그걸 조정을 해야 되요 온도 조정을. 지금은 뜨거우니까 그런데 김이 이제 1차 빠지고 나서 조금 식으면 다시 뒤집습니다. 뒤집어서 또 마저 식혀가지고 그래서 어느 정도 온도가 측정을 해보고 된다 싶을 때 그때 이제 사입을 합니다.

그 온도는 어떻게 확인합니까? 서정애 : 온도는 뭐 우리가 뭐 기계도 없고 하니까 옛날 방식 그대로 어른분들네들 하시던 대로 이렇게 피부로서 이렇게 대보면은 감각이 어느 정도 늘 해오던 그 온도가 나옵니다.

시간은 얼마 정도 걸립니까? 그렇게 오래 안 걸립니다. 한 1시간 정도 안에 될 겁니다. 차갑도록 하는 게 아니니까. 이 발효를 하려면 적당한 온도가 있어야 되잖아요. 손으로 만져보기도 하고 이제 이렇게(밥덩이 볼 가까이 대보는) 볼에 대보면 살에 대보면 우리가 이제 그 정도를 알죠. 그니까 차디찬 거는 감이 안 오지만 우리가 체온이 있잖아요. 체온을 조정 그 기준 해가지고 어느 정도 되면은. 우린 그렇게 식별을 해가지고 합니다. 겨울 같은 경우에는 내 몸이 차가우니까 같은 온도라도 따뜻하게 느껴지지만 여름에는 덥잖아요. 덥기 때문에 이게 어느 정도 더워도 더운 줄을 모른다고. 감각이 둔하죠. 그래서 이 술이 겨울에 4월에서 9월까지 9월에서 4월까지 한다 하는 게 그 온도 그런 것도

고두밥 낱알이 뭉치지 않도록 손바닥을 이용해 조심스럽게 골고루 치대며 재료를 고르게 섞는다. 손끝으로 낱알 하나하나를 살피는 버무리기가 끝나면 덧술에 발효를 돕는 경주교동법주만의 제조법을 준비한다.

1 덧술은 밑술을 담근지 3일에서 5일 사이에 담근다.
2 덧술재료: 순서대로 ① 밑술, ② 찹쌀 고두밥, ③ 끓인 물

교동 법주를 담기 위해서 밑술을 만들었잖아요.

이 밑술하고 고두밥을 쪄서 덧술을 담는 과정을 시작하겠습니다.

밑술을 담근지 얼마만에 (덧술을 담그는가)? 밑술 담은 지 제일 빨리 할 수 있는 시간이 3일. 좀 늦으면 5일. 3일에서 5일 사이에 덧술을 담습니다.

밑술(이 어떤 상태일 때) 덧술 담기 좋은 상탭니까? 그거는 밑술은 어떤 상태가 좋다 눈으로 보고는 말로 표현을 잘 못해요. 다 발효가 잘 됐는지 그게 제일 중요해요. 발효가 잘 돼야만 이 덧술을 담는데도 발효가 잘 되요. 그거

밑술과 덧술의 양은 1:10정도이다.

는 상태만 보고는 잘 됐다 못 됐다는 그냥 육감이지 어떤 과학적인 수치가 나오는 건 없어요.

상태를? 이 상태가 지금 여기 조금 부허잖아요. 아까 이거보다 더 진했잖아요. 그 상태보다 좀 더 놔두면 더 위에 맑게 앉아요. 담아본 사람이 요 상태가 좋다 요 상태가 낫더라 그거는 체험에 의해서 좋다 하는 거를 기준을 자기 담는 사람 자기의 기준이지 대체적인 기준은 아니거든요. 그래서 그걸 기준으로 해서 담아요.

찹쌀 고두밥 하고 물 하고 뭐 어떤 비율로 섞어는가? 그 비율은 이 주모하고 고두밥하고는 주모 흰죽 끓이는 게 물이 별도로 안 들어가고 흰죽 끓이는데 물이 들어가지만 원료 대비 10분의1 이렇게 하거든요. 그게 급수는 보통 보면 원료가 100킬로면 물이 급수가 보통 150프로 청주가. 막걸리는 한 300프로. 이렇게 되는데 저희 교동 법주는 원료 대비에 급수가 한 80프로 보시면 되요. 그만치 물이 적습니다. 술을 다른 데에서 보셔서 아시겠지만 다 이거 다 섞으면 다른 데는 물이 찰랑찰랑 할 거예요. 이건 물이 없습니다. 급수를 더 넣어도. 요 주모에 물이 있고 급수를 넣어도 물이 찰랑찰랑 이러는 것이 없습니다. 이것은 실제로 해보셔야 이해를 하실 겁니다.

1 3~5일 전에 담가두었던 밑술을 고두밥에 넣는다.

2 경주교동법주 물의 양은 원료 대비 80%정도이다. 물을 매우 적게 사용한다.

3 밑술은 전부 넣어서 덧술을 담는다.

물이 조금 적게 들어가는 게 맛이 더 괜찮은 건가요? 그거는 좋다 나쁘다 말씀을 못 드려요. 왜냐하면 각 가정마다 각 지역마다 자기네들의 특성에 맞게 물양 누룩양 이걸 원료 대비 조정을 다 해가지고 지금까지 내려왔는 거거든. 그러니 저희는 내려올 때부터 그렇게 내려와서 늘 그 맛을 유지하기 위해서 그 방법 그대로 담아요.

이제 물 부으실 겁니까? (고두밥에 밑술을 섞는다) 이건 주모. 밑술을 다 넣고 여기에서 또 급수를 넣어야 되요. 용수(물)를 넣어. 여기.

치댈 때 방법이 있습니까? (손으로 고두밥과 밑술 몇 군데 찌르고, 용수

1 손으로 고두밥과 밑술 몇 군데 찌르면서 섞는다.
2 손끝으로 고두밥 낱알 하나하나가 다떨어지게 분리시킨다.
3 덧술 재료들이 잘 섞인 모습

를 넣는다) 이건 방법이라 하는 거보다도 낱알이 고루 다 퍼지게. 이거 다 분리되게. 요 밥이 찰기가 있으니까 뭉치잖아요. 그걸 다 하나 낱이 다 떨어지게.

한참 그럼 치대야 되겠네요? 이렇게 흰죽 치대듯이 치대면 오히려 뭉개져가 도로 뭉치잖아요 이렇게. 그렇게 하지 말고 요 낱알이 떨어질 정도만. (손으로 비벼 섞는다) 이걸 아까 바람으로 그 식힐 때도 아주 차게 겨울이라고 해서 너무 차게 하면 섞을 때 더 애를 먹어요. 너무 뜨시게 해도 안 좋지만. 그래서 거의 감으로 요 정도 온도면 되겠다 하는 게 왜 그런가 하면 낱알이 잘 떨어지면. 너무 차가우면 이게 안 떨어지고 오히려 붙어버려요 치대면.

물이 많이 없어 보이네요? 없어요. 여기에 지금 물이 두 바가지가 남았어요. 왜 남았냐면 이거 섞어보고 한 바가지는 여기에 하고 한 바가지는 마지막에 위에

1 덧술 항아리 밑바닥에 마른 누룩을 흩뿌려진 모습

2 덧술을 항아리에 옮겨 담는다.

3 덧술을 담은 항아리

(누룩) 가루치기 후에 물 넣어서 다시 누룩이 다 젖도록 해줘야 돼.

뭐하실 겁니까? 지금은 고두밥 하고 밑술하고 다 용수를 넣어서 섞었으니까 이걸 독으로 옮기는 거야. 요래서 이 독에서 발효 시키면 술이 되는 거예요.

그런데 누룩은? 이 누룩은 밑바닥에 조금 흩이고 그 다음에 맨 위에도 조금 흩이고. 이거는 안 흩이는 집도 많아요. 우리가 이렇게 하는 거는 보시다시피 물이 적으면 순환이 잘 안 되잖아요. 발효되면서 순환이 잘 안 되니까 밑과 위가 고루 발효되도록 하기 위해서 이 누룩이 촉매제잖아요. 효모 효소도 들어있으니까. 그래서 발효가 더 잘 되도록 하기 위해서 밑과 위에 흩이는 거. 밑바닥에는 다. 제일 위에 흩이게.

마지막 누룩 가루 칠 때는 물 한 바가지 하실 거죠? (덧술을 항아리에

1 항아리 상부에도 밑바닥처럼 마른 누룩을 흩뿌려 발효를 돕는다.

2 덧술을 다 옮겨 담으면 누룩가루를 상부 표면에 고루 흩뿌려주고, 가루가 젖도록 물을 뿌려 마무리한다.

넣는다) 여기 물 있잖아. 이거를 남겨뒀잖아요. (항아리 덧술 위에 누룩을 가루치기 한다)

이제 덧술이 끝난 겁니까? (바가지에 물 따라내고, 덧술 위에 물 흩뿌린다) 예. 이래가 이제 이거를 이불을 덮어씌우고 적당한 온도에 그대로 발효를 시킵니다.

누룩은 밑바닥에 조금 뿌리고 맨 위에도 조금 뿌리고 이건 안 뿌리는 집도 많아요. 우리가 이렇게 하는 건 보시다시피 물이 적으면 순환이 잘 안 되잖아요. 발효되면서 순환이 잘 안 되니까 밑과 위가 고르게 발효되게 하려면, 누룩이 촉매제잖아요.

④ 발효

먼저 덧술의 발효를 도울 누룩가루를 덧술을 담 굴 술독 밑에 깔아주고, 그 위에 잘 버무려진 덧술을 옮겨 담는다. 덧술을 다 옮겨 담으면 누룩가루를 상부 표면에 고루 흩뿌려주고, 가루가 젖도록 물을 뿌려 마무리한다. 덧술 술독 위 아래에 누룩을 추가로 깔아주고 덮어주는 것은 술이 발효되면서 위 아래가 고르게 발효되게 하기 위함이다. 덧술을 옮겨 담은 후에는 통풍이 잘되는 삼베로 술독을 덮고 이불로 잘 감싸 보온을 한다.

이틀 내지 , 늦어도 삼 일 오픈하고 냉방으로 가야 해요. 더 차가운데. 15도에서 20도 중간, 우리 집이나 다른 집이나 이 온도는 같기 때문에 그건 말씀드릴 수가 있어요. 발효하는 과정이 쉽게 말하면 탄산가스를 자꾸 발생

1 덧술을 옮겨 담은 후에는 통풍이 잘되는 삼베로 술독을 덮고 이불로 잘 감싸 보온을 한다.

2 덧술을 발효시키는 온도는 15도에서 20도 중간이다. 덧술은 상온을 유지해야 한다.

3 덧술의 발효기간은 20일 이상이다.

시킨다. 이렇게 보시면 돼요. 당화작용을 하니까. 당화작용은 당분을 만들어 내야 알코올로 변하니까.

이제 남은 건 발효의 시간이다. 발효의 시간은 한 달 남짓 걸린다.

(덧술 항아리에 삼베 덮고 이불 둘러 고정한다.) 요래가지고 이틀. 이래가 이틀 내지 늦어도 삼일. 오픈하고 냉방으로 가야 돼. 더 차가운 데로. 옛날로 표현하면 안방 아랫목에 있다가 안방 마루로 내는 거예요. 원리는 그 원리하고 똑같은데 여기서 발효해서 냉방으로 들어가는 거야.

처음에 이 온도는 어느정도라고 보면 됩니까? 이거는 발효시키는 게 15도 이하는 어렵고 15도 이상 상온인데 상온이 15도부터 20도 25도까지 일반적으로는 15도에서 20을 상온이라 하잖아요. 상온에서 발효를 시키면 되는데 상온 맥시멈까지 안 올라가는 것이 좋아요. 그러면 15도에서 20도 중간. 그게는 뭐 우리집이나 다른 집이나 이 온도는 거의 같기 때문에 그거는 말씀드릴 수가 있어요. 술에 따라 가지고 그 온도가 이틀을 유지하느냐 삼일을 유지하느냐 사일을 유지하느냐 그게 집마다 다르지 대충 그 범주 내에 플러스 마이너스 1~2도 내에 다 작업을 합니다.

밑술 처음에 할 때는? 밑술 처음에 할 때는 30~29도지, 19도가 아니고 29도. 밑술은 그만큼 높아야 되요. 왜 그런고 하면 그 안에 누룩이 이 전체 양 담는 누룩이 거기 다 들어가 있잖아요. 다 들어가서 흰죽이라는 매체 속에 다 효모 효소가 발생해서 다 박혀 있어야 되잖아 쉽게 말하면. 그러니 그런 여건이 만들어지는 게 29도 내외.

덧술은? 덧술은 낮아야 되요. 밑술하고 같이 하는 게 아니고. 밑술은 상온 이상 고온으로 들어가잖아요. 밑술은 그렇고 덧술은 상온 정도로. 유지해야 되요. 그래야 겨울에 방안 온도가 15도. 요즘 말하면 15도 되면 밑에 불을 계속 때잖아요. 때니까 17도 바닥은 17도 18도까지 올라가잖아요. 심지어 19도까지 올라가 바닥면이. 그럼 거기에서 열을 받아서 이렇게 순환을 시키잖아요. 그럼 방안 온도가 그렇게 되는데서 여기서 10도까지 내려가버렸다 하면 이 순환이 정지상태가 되요. 너무 차가우면 안 내려가잖아 안 돌아가잖아 발효가. 공기도 공기숨 이거 보글보글 괴는 게 공기 발생해서 탄산가스가 올라오고 계속 순환이 되거든. 발효하는 과정이 쉽게 말하면 탄산가스를 자꾸 발생시킨다 이렇게 보시면 돼. 당화작용이 아니다. 당화작용이라고 하면 당분을 만들어 내야 알코올로 변하니까. 그래서 이제 그 온도가 가장 중요하게 잡고 얘기하고 말씀드리는 게 정확한 온도를 말씀 못 드리는 이유가 그래서 그래요. 각 집마다 다르기 때문에

덧술을 담근 단지 보관은 어떻게 됩니까? 여기 이제 이래가 덮어씌우는 거는 온도를 이거 덮어씌움으로서 열이 묻어 있던 게 빨리 식지 말으라고 그래 이불을 옛날에 덮어놨어요.

발효는 어느 정도 되면? 발효는 원래 20일은 넘어야 되요. 그래야 발효가 잘 됐다 못 됐다를 알 수 있는데 그 전에 알 수 있는 거는 내일 모레 이 발효되는 소리. 옛날 사람은 전부 귀로서 듣고 잘 되겠다 못 되겠다 예측을 하는 거예요.

덧술을 담고 2~3일 후에 발효되는 소리를 들으면 술의 성패를 알 수 있다.

이틀 지날 때 어떤 소리가 들려야 잘 (발효)되는 소립니까? 괴는 소리가 있어요. 괴는 소리가 여러 가지에요. 그거는 누룩에 따라 가지고 어떤 게 좋다 그거는 말씀 못 드리는 게 누룩양 물양에 따라서 소리가 다르니까. 더욱 저쪽 집에서 싫은 소리는 우리가 좋은 소리가 될 수 있고 우리가 좋은 소리는 저쪽이 싫은 소리가 될 수 있고 그렇습니다. 물이 적고 많고에 따라서. 누룩이 많이 들어가고 적게 들어가고 하기 따라.

이틀 지나면서 나는 소리가 어떻게 뭐 맑은 소리가 납니까? 맑은소리보다도 이게 보글보글 괴는 소리가 처음에는 한두개, 복 복 복 이렇게 올라오는 소리. 그 다음에는 복복복복 이런 소리. 그게 어우러지니까 그걸 표현을 하기가 힘들잖아요. 이제 그런 소리들을 옛날 분들은 다 듣고 아 이때 했던 술이 가장 잘 되더라 잘 됐더라. 그러면 예측을 아 이번에도 잘 되겠구나. 그런 느끼는 거죠.

밑술과 덧술의 발효과정[43]

① 밑술 1일차 단면

② 밑술(발효 단면)

③ 밑술(발효 단면 상세)

④ 밑술(발효 상부 표면)

43 불투명 용기인 항아리에 담긴 밑술, 덧술의 발효과정을 알 수 없다. 발효과정을 상세히 알아보기 위해 투명 유리 용기에 담아 시간이 흐르면서 어떻게 발효상태가 변하는 지를 기록한 것이다.

⑤ 덧술 발효 1일차(단면)

⑥ 덧술 발효 1일차(상부표면)

⑦ 덧술 발효 5일차(단면)

⑧ 덧술 발효 5일차(상부표면)

⑨ 덧술 발효 14일차(단면)

⑩ 덧술 발효 14일차(상부표면)

⑪ 덧술 발효 20일차(단면)

⑫ 덧술 발효 20일차(상부표면)

⑬ 덧술 발효 30일차(단면)

⑭ 덧술 발효 30일차(상부 표면)

⑮ 과발효된 덧술(단면)

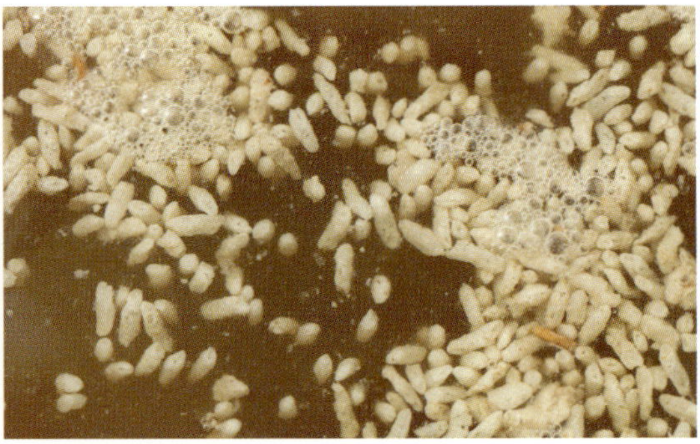

⑯ 과발효된 덧술(상부 표면)

(3) 채주와 숙성

덧술을 담근 지 한 달이 지나면 채주 준비를 한다. 발효를 마친 덧술에 용수를 박아 술을 뜬다. 용수를 박기 전에 술독 중앙에 손을 넣어 술막지를 헤치면 숙성 중인 술이 서서히 올라온다. 미리 잘 씻어서 말려 둔 용수를 조심스럽게 술독 중앙 바닥까지 박아 넣는다.

자리가 만들어졌으니까 용수를 넣어야 해요. 용수가 흔들림 없이 이대로 채주하게 되면 그대로 용수가 있고, 바깥에 주박(지께미)이 조금씩 내려갑니다.

(덧술담고) 20일 지나면 용수를 박을 수 있습니까? 20일 지나 더 지나야 되요. 30일은 돼야. 한 달 지나면은 용수를 채주 준비를 하는데 용수를 삽입해요. 조금 덥게 온도 높으게 이래 하면 25일 정도에서도 채주 준비를 할 수가 있어요.

보통 30일 정도라 봐야 되는구나? 예. 그게 가장 안전한 게 그때 되면 헤치면 탁한 물이 아니고 좀 맑은 물이 삭 올라와요.

용수 박을 시기는 어떻게 알 수 있습니까? 용수 박을 시기는 용수를 넣는다고 할 때는 보통 보면 덧술이 끝나고 약 한 20일 지나야 되요. 최단시간이라도 20일은 지나야 되고. 그 다음에 25일 전후. 거기에서 시기를 우리가 보고. 그 보는 시기는 이따가 이거 뒦기면 아실 수 있습니다만 가에 물이 술 자체가 용기 가에 뺑 돌린 정도. 위에 물이 안 올라오더라도 그런 비치는 정도가 되면은 용수를 넣을 수 있는 시기에요. 그러면 거기에 늦어지면 발효가 늦어지면 한달까지 갑니다. 보통 27~8일 경에 용수를 넣게 되요.

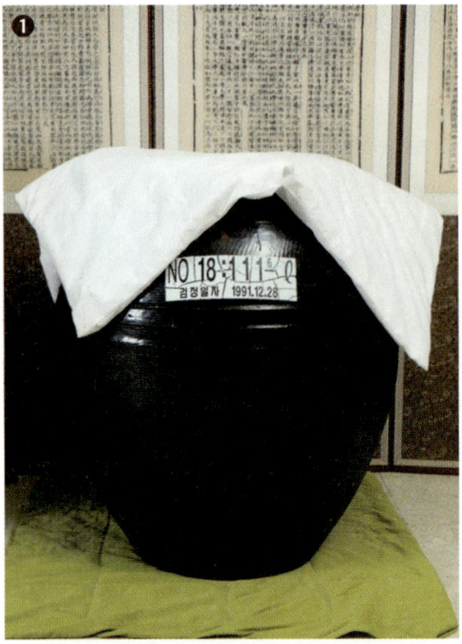

1 덧술을 담근 지 한 달이 지나면 채주 준비를 한다.

2 용수를 박고 채주할 시기는 온도에 따라 약간의 차이가 있다. 최단시간은 20일, 25일 전후, 발효가 늦어지면 한달 까지 간다.

3 항아리 안 바깥쪽에 숙성된 술이 바깥쪽에 돌리는 정도, 맑은 술이 안 올라오더라도 비치는 정도가 되면 용수를 넣을 시기이다. 보통 27~8일경에 용수를 넣게 된다.

4 항아리 윗면 술 찌꺼미를 해치면 그 안에 술이 나온다. 술이 육안으로 보인다. 찌꺼미를 다 헤쳐놓고 용수를 박는다.

(단지 안) 바깥쪽에 물이 술 자체가 용기 바깥 쪽에 돌리는 정도 물이 안 올라오더라도 비치는 정도가 되면 용수를 넣을 시기예요. 보통 27~8일경에 용수를 넣게 돼요.

1 용수 박는 시기를 놓치면 전부 술이 되어 용수를 잡아주는 지꺼미가 없어 용수박기가 힘든다.
2 과발효된 덧술 상부에는 찌꺼미가 없다.

용수를 박는 방법? 그건 이제 방법은 없고 그냥 여기에서 이거 열면은 요 자체를 위에 술 찌꺼미가 다 이렇게 막혀져가 있어요. 그거를 헤치면 그 안에 술이 나와요. 술이 이제 육안으로 보이지. 그럼 거길 다 헤쳐놓고 용수로 소롯이 넣어야 되요.

(용수 박는 것이) 만약에 25일 전후라 했는데 그게 한달 지나거나 너무 늦어버리면 어떻게 됩니까? 너무 늦어버리면 이거 헤칠 게 없어요. 다 가라앉아버려. 시간이 늦으면 그러면 어떤 현상이 있냐하면 용수를 넣으면 용수가 제자리에 안 있어요.

고정이 안 된다는 말씀? 왜 그러냐면 위에 전부 물이잖아요. 용수가 이 넣으면 제자리에 이렇게 딱 자리를 잡도록 해주는 게 위에 주박이 위에 찌꺼미가 이렇게 다 있어야 되는데 이게 없이 위에 물이 있으면 얼룽얼룽 하잖아요. 그래서 고 시기가 아까 말씀드린 대로 테두리에 물기가 요래 비치면 술빛이 비치면 그때 적기다 이러지. 그래서 옛날부터 내려오는 게 그거보다 넘으니까 저렇게 되고 하니까 문제가 있으니 어른분네들이 다 이렇게 보시고 이때 넣어라 그렇게 아마 하신 거 같아요.

1 발효된 덧술에 용수를 박아 두면 용수 안으로 맑고 투명한 법주가 고여든다.

2 용수는 항아리 끝까지 박아야 한다. 체주가 끝날 때까지 고정되어 있어야 한다.

3 용수를 넣다가 올라오든가, 중간에 잘 안 내려가면 술이 덜됐다는 것이다. 그러면 빨리 빼서 씻고 소독해 놓아야 한다.

이건 지금 잘 된 건가요? 어느 정도 되긴 됐는데 이제 헤쳐봐야 잘 됐는지 안 됐는지 확실히 저도 아직 몰라요. 이건 한달 정도 이렇게 보시면 됩니다.

독 가로 이렇게 살짝 내려가네요? 발효가 되면 이렇게 되고 형상이. 발효가 되면 이렇게 되고. 발효가 끝나면 내려가요. 내려가면서 가운데가 약간 깊어져요. 가는 떨어지고 이렇게 되고. 발효될 때는 그냥 이렇게 올라와.

지금은 잘된 상태네요? 네 그래서 이리 내려가는. 그 상태가 여 안에 보면 표가 나와. 처음 술을 담았을 땐 이까지 올라왔다, 거기서 발효가 되니까 좀 더 올라왔다. 그 다음에 발효가 끝나니까 이렇게 내려갔다. 이거는 이걸 보고 우리는 알 수 있지만 일반 사람들은 잘 모르고 학자님들이나 이렇게 지적을 하셔. (술독 내부의 주박 헤치고 용수를 넣는다) 지금 용수 넣기 위해서 이거를 헤치는 작업을 해요.

그 가운데가 술이 이제 나오는 자리를 만드는 겁니까? 예 가운데. 그러면 요래 놓고 가운데 푹 뜨면 물 노란 물이 삭 비칠 그런 상태가 되고. 자리가 만들어졌으니까 이제 용수를 넣어야 돼. 예 고 자리에. (만약 용수가) 넣을 때 올라오든가 하면 2 3일 후에 해야 돼. 말로 표현하면 덜 됐어.

독 끝까지 밀어넣는 거네요? 네. 독 끝까지 다 들어갑니다. 이걸 독 끝까지 안 내려가고 중간에서 잘 안 됐을 때는 안 내려가요. 그러면 빨리 빼서 털고 물에 씻어가 소독 다시 해놓고 그래 해야 되요.

술 색깔이 어떻게 잘 올라온 거 같습니까? 예 색깔은 누르스름하게 괜찮은 거 같아요. 부헌 거보다는 이렇게 노런 게 낫습니다.

지금 가에 그 눌러주시는 거는? 네. 이게 이제 용수가 고정이 돼라고. 용수가 흔들림 없이 이대로 술을 채주하게 되면 그대로 용수가 있고 가에 요 주박이 그대로 조금씩 내려갑니다 가에 주박이. 그래야 이게 딱 제자리에 잡아가 있지 가에 주박이 붕 뜬다든가 이러면 실패작이에요. 이게 용수가 바닥에 다 닿인 겁니다. 매번 처음 넣을 때 바닥까지 내려갑니다. 바닥까지 내려가지 않으면 그거는 용수가 올라온다는 얘기에요. 용수가 올라오면 이게 술도 안 노랗고 부해요. 그게 말하자면 발효가 잘 안된 상태. 그런 게 없어야 됩니다. 끝까지 다 속 그대로 다 들어갔잖아요. 그대로 다 들어가야 움직이질 않아요.

용수를 한번 박아놓고 채주는? 그 다음날도 뜨고 그거를 일주일에서 열흘간 뜹니다.

1 용수를 박아놓고 채주는 그 다음날부터 일주일에서 열흘간 뜬다.

2 용수 안에 고인 법주의 맑은 정도와 색깔·향기·술맛을 음미하여 주질을 판단하고 채주 시기를 정하게 된다.

3 채주를 하면 위에 불순물을 거르기 위해 망을 씌운다.

발효된 덧술에 용수를 박아 두면 용수 안으로 맑고 투명한 법주가 고여든다. 용수 안에 고인 법주의 맑은 정도와 색깔·향기·술맛을 음미하여 주질을 판단하고 채주 시기를 정하게 된다. 채주는 한 번에 할 수 없고 술이 침전되고 숙성되는 시간을 기다려가면서 하게 된다.

채주를 하면 위에 불순물을 거르기 위해 망을 씌워요. 그래서 채주를 이쪽으로 합니다. 원래 처음 넣을 때보다 더 진해져요. 처음 넣을 때는 연황색, 거기서 점점 더 짙어지는 색으로 변해요.

1 채주는 한 번에 할 수 없고 술이 침전되고 숙성되는 시간을 기다려가면서 하게 된다.
2 용수 안에 고인 술이 부옇게 되면 그만 떠야 한다.
3 거름망에 걸린 찌꺼기

채주할 때 용수 안에 고인 술이 부옇게 되면 그만 떠야 한다.

지금부터 더 진하게 뿌옇게 돼요. 뿌옇게 되면 그만 떠야 해요. 부유물이 많이 들어가면 안 좋으니까, 아까 처음보다 많이 부옇잖아요. 그래서 하루마다 이렇게 뜨는 이유도 어느 정도 좀 가라앉고 오늘 이렇게 채주하고 덮어놨다가 내일 또 채주하고 그렇게 합니다.

좋은 술을 얻기 위해서는 술독을 옮겨가며 2차, 3차의 채주 과정을 거쳐야 한다. 술독을 옮겨가는 것은 불순물을 침전시켜 여과하는 과정이다.

여기 이렇게 돼요. 막걸리보다 더 시커메요. 그러니까 이건 먹지를 못하고 버리잖아요. 옛날에는 여과 시설이 없으니까 이것을 여과라고 보시면 돼요. 한번 옮기고 두 번 옮기고 세 번 앉히는 거예요. 자꾸 침전을 시키는 거예요.

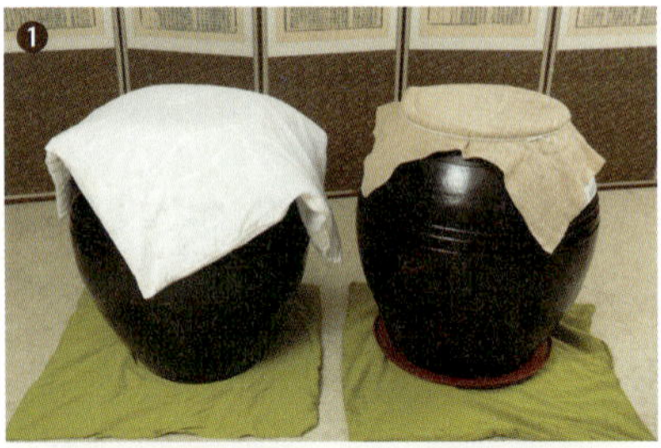

1 채주한 술은 항아리를 옮겨 가면서 앙금을 갈아 앉힌다. 거르거나 짜내지 않는 것이 특징이다.

2 앙금을 최대한으로 가라앉힌다. 앙금이 있으면 효모효소가 다시 활동하여 술이 시어져 주질에 악영향을 끼친다.

3 채주한 술을 1차 2차 3차까지 옮겨주면서 앙금을 가라 앉힌다. 옛날에는 여과장치가 없어서 계속 침전을 시켰다.

일정 시간 숙성 과정을 거쳐도 발효가 덜 된 찌꺼기는 술단지 바닥으로 가라앉게 된다. 술독을 옮기며 채주를 하는 과정은 바닥의 불순물을 걸러주는 과정이고, 이런 과정이 거듭될수록 맑고 깨끗한 경주교동법주를 얻을 수 있다. 경주교동법주는 채주는 덧술의 발효가 끝난 다음 용수를 꽂아 그 속에 자연스럽게 고인 맑은 술을 떠내어 항아리에 옮겨 담을 뿐 거르거나 짜내지 않는 것이 특징이다.

비교를 한번 해보세요. 1회 2회 3회 완전히 침전시킨 후의 술입니다. 이거는 옛날 같으면 판매할 수 있는 술…

용수를 박으면 그때부터 어떻게 됩니까? 이제 용수를 넣고 하루는 지나야 되요. 하루를 지난다 하는 거는 왜냐하면 부허케 된 건 좀 침전을 시켜서 맑은 술, 되도록이면 맑게 앉은 술을 채주하는 게 좋아요. 그래서 그 시간 때문에 최단 시간이 하루고 아니면 이틀까지 둬요. 그래서 채주를 시작하는데 오늘 예를 들어서 채주를 하게 되면 내일 또 요 시간에 채주를 해요. 또 모레도 요 시간에 채주를 하고. 오늘 할 때 저녁에 했으면 내일도 저녁 모레도 저녁. 그 시간상으로 똑같이 나가줘야 이 앙금 앉는 게 균일하게 앉으니까. 그래야 위에 맑은 술을 뜰 수 있는 양이 거의 비슷비슷해요

1차 채주는 용수를 박아놓고 몇 번이나 며칠 정도 보통 그 하면 일주일에서 열흘 뜹니다. 이걸 채주하는 시간이 날짜가 일주일은 걸립니다 아무리 빨리 떠져요.

여과를 해야 될 거 아닙니까? 이제 여과는 그때는 여과를 안 하고 계속 침전을 시키는데 침전을 시키는 거는 이제 앙금을 최대한으로 가라앉히기 위해서 그래요. 그러면 앙금을 1차 2차 3차까지 그 채주한 술을 옮겨 주잖아요. 채주가 1차. 1차 채주한 걸 앙금 제거하기 위해 2차. 2차의 앙금 제거를 하기 위해 3차. 그래서 이제 옛날에는 4차까지 5차까지 갔는데 지금은 3차라는 이유는 마지막에 여과를 하기 때문에 그렇습니다. 옛날에는 여과라는 장치가 없었어요. 그게 계속 침전을 시켜줘요.

그런 과정이 많으면 어떤 것 때문에 그렇습니까. 맑게 하려고 계속 그렇게 하시는지 숙성 개념입니까? 술을 이 왜 열흘씩 이렇게 숙성을 시키냐면 그 찌꺼기가 그 쉽게 말하면 나쁜 걸 수도 있고 좋은 걸 수도 있습니다. 숙성하기 위해서는 그게 있음으로 해서 숙성하는데 맛을 도움이 되고. 처음부터 너무 맑아 버리면 그 맛이 그대로 가잖아요. 그러면 이 부헌(부옇) 이것이 다 산 미분자거든요. 그래 이것이 있음으로 해서 안에서 효모 효소가 계속 활동을 하잖아. 그러면 더 좋은 술이 되기 위해 숙성이 되는 거예요. 그게 숙성이 되는

1 일정 시간 숙성 과정을 거쳐도 발효가 덜 된 찌꺼기는 술단지 바닥으로 가라앉게 된다. 술독을 옮기며 채주를 하는 과정은 바닥의 불순물을 걸러주는 과정이고, 이런 과정이 거듭될수록 맑고 깨끗한 교동법주를 얻을 수 있다.

2 항아리 바닥에 가라앉은 침전물

과정에서 침전물이 있으면 날씨 온도가 조금 올라가면 그 침전물 가라앉는 데서 방울이 다시 올라와요. 그러면서 술이 시어질 확률이 있어요. 그래 온도를 낮춰 줘야 되고 여러 가지 불편한 점이 많으니까 빨리 옮겨서 그걸 제거해 주면 가라앉은 거는 그 생명이 다 됐다 이렇게 보시면 되요. 그럼 이제 다시 또 맑다고 떴는 것에 다시 또 침전을 해요. 이 참전을 그렇게 1차 2차 3차로 제거해 줘야 이제 기간이 긴 거는 숙성, 제거는 버리는 거. 그렇게 되요.

숙성 과정에 술 독 온도를 대충 몇 도 정도로 맞추시는 겁니까? 숙성은 이 보통 약주 청주 옛날 우리나라 술이 전부 겨울술이잖아. 옛날 겨울 온도를 맞춰 줘야 돼. 요즘 겨울 온도하고 차이가 있지. 저 어릴 때보다도 지금이 온도가 차이가 있듯이 그 차이가 있으니까 그 온도를 맞춰주는 것이 제일 좋은데 그건 자연 온도잖아. 그러니 그거 대신 요즘은 에어컨 시설이 돼서 온도를 이렇게 뭐 눈으로 확인할 수 있는 온도까지 돼서 낮춰주고 있는데 사실은 그거보다도 자연 온도로 10도씨 이하. 이렇게 되면 제일 좋습니다.

용수 박고 옮길 때 그 다음 독에다가 술은 어느 정도 채웁니까? 가득 채우는 게 그거는 아무 의미가 없고 이거를 다 뜰 때까지 그 단지에 다 들어가야 되요. 그러면 다 이게 뜨는 게 그 단지보다의 양이 많으면 안 되잖아요. 그러면 또 다른 단지에 떠야 되고. 그러면 처음 떴던 술하고 마지막 떴던 술하고 차이가 납니다. 도수도 차이 나고 당도도 차이 나고 맛도 차이 나고. 그 이해를 못 하실 건데 소주는 처음 나온 게 80프로 90프로 100프로 됩니다. 프로테지. 그만치 독하다는 얘기. 소주는 뒤에 나오는 게 맹물이에요. 그러나 약주는 반댑니다. 처음은 소주 같은 차이는 없어도 처음은 약하고 내려갈수록 좀 더 진하고. 그렇게 됩니다. 그래서 한데 이렇게 섞여져야 되요. 그래서 마지막 다 떴을 때 일부러 손을 젓지 않아도 자연으로 자꾸 섞이잖아요. 이 온도가 있기 때문에. 그러면 그게 숙성됨과 동시에 나중에 당도가 일정한 당도로 되고 도수도 일정한 도수로 되고. 이게 당화작용이 일어나야 알콜이 형성이 되니까 요즘 말로. 그렇게 형성이 되니까 당화작용이 어느 정도 다 끝나야 정확한 도수도 나오고 당도도 더 이상 변화가 없고. 그렇게 됩니다.

내일 되면 색깔이 또 많이 맑아지겠네요? 조금조금 달라집니다. 이렇게 그냥 부허케 노란 게 조금 침전이 되면 조금 짙은 색으로 변해요. 숙성과정의 온도가 중요하니까 그 온도만 잘 맞춰서 주면 큰 맛의 변화가 없이 잘 끝까지 가게 되면 이제 좋은 술이 되죠. 이렇게 부허다 하는 거는 아직까지 효모 효소가 100프로 다 활성화가 안 된 상태거든요. 그래 이게 100프로 다 활성화가 되는 시점이 이 옮겨주고 침전시키고 옮겨주고 침전시키고 그러면서 숙성되면서 이제 제자리를 잡아가는 겁니다.

보통 이 정도 되면 술맛을 한번 확인을 하지 않습니까? 술맛을 확인하는 건 지금 술맛하고 좀 이따가 술맛하고 맛이 달라져요. 일반 사람들은. 그 맛이 그 맛이라고 그렇게 얘기하실 수가 있어요. 숙성되지 않은 맛, 숙성된 맛.

1 침전을 시킬수록 술의 색은 짙어지고 일정한 당도와 도수에 도달한다.
2 100일 동안 숙성되고 익어간다.

왜 그런가 하면 도수가 높았다가 안정으로 찾아가야 되고 당도가 얕았다가 진하게 찾아가야 되고. 그 과정이 숙성과정이니까 그게 지나야 제 맛을 알 수가 있지.

술 색깔이 좀 많이 진해진 거 같은데요? 숙성이 되면서 색이 변합니다. 색이 변하면서 조금씩 조금씩 맑아져요. 그러면 이렇게 해서 이렇게 오면 여기 처음에는 미황색에서 그 다음에 황색에서 미주황색에서 그 다음에 주황색으로. 이렇게 자꾸 빛깔이 변합니다.

그 용수 박고 날짜 지나면 빛깔이 조금씩 바뀌네요? 조금씩 바뀝니다. 그래 그게 이제 숙성 되니까 하루 이틀 차이지만 약간씩 약간씩 변해요.

그걸 다 합쳐 가지고 술을 만드는 맛이? 그거를 다 이렇게 해서 한 데에 놔두고 금방 먹으면 위에 붓는 거하고 밑에 거하고 섞이지를 않잖아요. 다 섞일 때까지 기다려야 제맛을 알 수가 있지. 그래서 뭐든지 궁금하더라도 시간이 지나야 맛을 보고 그래 하지 바로 했다고 해서 바로 맛 안 봅니다.

용수 넣었을 때? 네. 그거 맛보는 거 그거 이외에는 다 시간이 지나서 맛을 봅니다. 여기서 너무 신맛이 딱 나면 이건 처리를 할 수가 없어요. 그래서 맨 처음에 딴 거보다 맛보다도 신맛이 얼마나 감도는가, 신맛이 약간 있는 거는 숙성 되면서 없어질 수가 있지만 신맛이 조금 깊으면 시어져버립니다.

그거 확인하시는 거네요? 예. 그 때문에 그 약간 맛 보는 거죠. 그건 신맛 단맛 요 정도면 도수가 한 어느 정도 나오겠다. 그런 걸 직감적으로 느끼는 거죠.

1차 채주가 끝났으면 2차 채주는? 이걸 다시 2차 숙성으로 다시 자리를 한 번 더 옮겨줘야 돼. 1차 앙금을 받기 위해서.

며칠 정도 있다가 하시는 겁니까? 이건 한 열흘 후에. 열흘에서 보름. 길게는 보름. 왜 그런가 하면 여기 앉았잖아요? 앉았으면 이렇게 떠보면 여기에 좀 앙금이 많이 앉았다, 아직 좀 한 2~3일 더 둬야 되겠다 그건 이제 육안으로 보고. 그래 있다가 다시 옮기지. 옮기는 거 하고 다 옮기고 밑에 앙금이 이렇게 앉구나 하는 걸 밑에 보시면 아실 수가 있어요.

바가지를 용수에 다시 올려놓는 거는 왜 그렇습니까? 이거는 다른 데 가져가면 자꾸 다른 게 묻잖아요. 이게 잡균이 묻으면 안 되요. 그러니까 이래가요 덮어 놔버려요. 내일 또 뜨고. 그게 내일은 이제 지금은 한 단지니까 이렇게 되잖아요. 24단지를 뜨잖아요. 24단지 뜨는데 보통 2시간 걸립니다. 이렇게 해서 뜨고 다음 단지 또 뜨고 마지막에 다 뜨고. 그거를 처음 떴던 데 가가 이렇게 놔요. 그러면 내일 또 처음 또 뜬 데부터 먼저 뜨고. 그래가 쭉 돌아가면서. 그래야 타이밍이 시간이 거의 비슷하잖아요. 오늘 5시에 했으면 내일 또 5시 모레도 5시. 그렇게 합니다. 왜냐하면 침전을 안 시키면 이거 뜨고 마지막에 여기에 다 뜨고 여기에 넣어놓고 가버리고 바가지 여기 있으니까 이거 먼저 뜨잖아요. 그래 침전시간이 있기 때문에 가급적이면 시간을 맞춰줘요

(삼베보자기로 술독 덮는다) 이거 이렇게 하는 거는 초파리. 첫째도 초파리 둘째도 초파리. 이렇게 해놓고 미심쩍으면 옛날에는 맷방석이 있어요. 짚으로 가지고 이렇게 방석을 만들어 논 거. 그걸 이 위에 얹어버려요. 원래 이렇게 둬요. 이렇게 두면 숨을 쉬잖아요. 그러기 때문에 공기하고 접촉을 지금까지는 계속하는 게 좋아요. 해서 이제 마지막에는 밀봉이지. 나중에 밀봉단지 보시면 다 잠가요. 다 침전되고 난 뒤에 이거 마지막 한번 하고 가면 구멍이 없어요.

보통 그 술 하고 공기하고 너무 접촉이 많으면 맛이 좀 변질된다고 알고 있는데? 100일 동안은 이렇게 공기하고 접촉합니다. 100일 후에는 밀봉상태. 그게 이제 통 자체가 완전히 밀봉상태로 나와요.

경주교동법주 누리집[44]에서 경주교동법주의 특징을 다음과 같이 소개하고 있다.

〈최부자의 '얼'과 '정성'〉

교동법주는 분류상 약주류 중 약주에 속해 있습니다.

또한 찹쌀로 빚은 청주라 부르기도 합니다.

---

44 http://www.kyodongbeobju.com

청주는 예로부터 겨울 술이라 하였고 교동법주 역시 여름에는 술을 빚지 않습니다.

또한 술에 어떠한 화학적 처리도 하지 않기 때문에 살아있는 술 즉, 생주라 일컬어지며 재래식으로 인간문화재가 직접 술을 빚습니다.

교동법주는 국가지정 중요무형문화재로 지정된 만큼 문화적 가치가 높습니다.

그윽한 향에서 덕을 느낄 수 있고 맑고 화려한 금빛에서 품위를 볼 수 있으며, 부드럽고 깊은 맛에서 최부자의 얼과 정성의 깊이를 헤아릴 수 있습니다.

또한 "잔에서 넘은 술이 술잔을 떨어지지 않게 하였다."할 정도로 감미가 있으며, 순하고 부드러운 맛과 향, 그리고 뛰어난 주질로 과음하여도 숙취가 없습니다. 많은 애주가들이 교동법주를 최고의 전통주라 부르는 데는 그만한 이유가 있는 것입니다.

4. 경주교동법주의 주안상酒案床

손님에게 주안상을 차려 대접하는 것은 상례였다. 봉제사 접빈객을 위한 가양주는 집안에 언제나 비축되어 있다. 손님이 오면 가양주에 안주를 갖추어 주안상을 차리면 되었다. 가정에서 손님을 대접하게 위해 주안상을 차리는 것은 큰 일 중의 하나였다. 경주교동법주는 경주 최씨 최부자댁에서 조상을 모시고, 손님을 대접하게 위해 대대로 빚어온 가양주이다. 경주교동법주의 주안상에는 육포, 어포, 여러 가지 전, 즙장, 실과, 약과, 전과, 다식, 북어보푸림, 사연지 등 매우 특별한 것도 많고 여러 가지 잔편(떡)도 곁들여 푸짐했다.

경주교동법주와 주안상(1997년)

집장은 콩, 밀을 띄운 메주를 갈아서 박, 가지, 무청, 다시마, 부추, 닭고기, 쇠고기 등 여러 가지 재료를 넣고 만든 장이다. 다식은 쌀, 송화, 깨 등을 갈아서 만든 한과이다. 북어보푸림은 북어포를 아주 잘게 찢어 양념한 것이다. 경주교동법주에 자주 오르는 특별한 안주로 사연지가 있다. 이 사연지는 경주시 교동을 세거지로 하는 경주 최부자댁에서 이어 내려오는 이 가문의 고유 김치이다. 특히 집안의 가양주인 경주교동법주의 전통안주로써 애용되는 김치이기도 하다. 그 담백하면서 시원한 맛이 일품이다. 실고추에 버무린 갖은 양념 속을 배추잎으로 얌전히 싸 넣은 사연지는 톡 쏘듯 찡한 맛하며 소담스런 때깔이 흡사 겨울철 별미 보쌈김치를 연상케 한다.

가문의 전통으로 계승시켜온 것은 비주인 경주교동법주뿐만 아니라 훌륭한 품격의 술에 어울리는 안주도 있다. 좋은 술에는 그 술과 궁합이 맞는 맛깔스런 안주가 있어야 제격이다.

좌우지간에 손님 많이 쳤어요. 손님을 많이 쳤는 데 그때마다 이 법주를 안할 수가 없는 거고 큰집에 손님 있으면은 우리 집 다 가는 거지 일 하느라고. 우리 대소가라고 하는 것이 몇 집 안되지만은 손님을 늘 지고 있으니.

손님이 주장이지. 손이 있으니께 술상이 나가는데 술이 없이는 우리가 손님대접이 안되거든. 술이라 카는게 늘 그렇다꼬. 술이 있으만 안주가 있어야 되고

(경주교동법주는) 대소가 큰일 때 다하지. 우리 제사 때 있지러 우리 질녀 치우고 이럴 직에 다하지. 보통 때도 다하는 거야. 명절 때도 다하지. 설, 제사때 또 한 동 해야지. 우리는 여름에 제사가 많다. 6월달부터 시작하만 8월달까지 전부다가 8월 추석 지나고 나면 그때는 햇곡이 잘 안나가주고 9월 9

일에 또 제사 지내고, 그 다음에는 또 차사 지내야지, 묘사때 묘사 전신에 산에서 채려가는데도 요 앞산에 우리 산소가 들여 있습니다.

제주는 그렇지 워. 그러면 큰집에도 다른 제차에 집에서 그걸 할라카만 어렵다고. 쪼맨큼 하는 건 한다케도 큰일 때는 예전에는 우리 집에 크다란 독 안있습니까, 저쪽에 단지에 내 와가주고도 그걸 봤다꼬. 봤는데 왜 그런 고아이라 이 술이 우리 집이 떨어졌으면 저 쪽 큰집에 서 큰집이 떨어지면 여기서 가져가고, 늘 술을 있었지. 손님대접 하느라고[45]

경주교동법주는 최씨 집안의 손님 접대용으로써 지금까지 명맥을 이어왔다. 최씨 집안에서는 뜨내기 일지라도 찾아오는 손님은 반드시 밥과 술을 대접하고 재워 보냈다고 한다. 한때는 밥을 먹을 수 있는 전표까지 발행했다고 하니 어느 정도로 많이 왔었는지를 짐작할 수 있다. "사람 사는 집의 인심 소문은 과객의 입에서 난다"는 말처럼 이 집을 찾는 손님들은 융성히 대접을 받았고, 그로 인해 인근에 인심좋기로 소문이 자자했다.

이러한 덕망은 '물봉진사'로 알려진 (배영신의) 시조부의 장례 기간 동안 당시 경주읍에서 철시를 하고 말과 당나귀를 보내 일을 도왔다고 하니 최씨 집안이 이 지역에서 베푼 덕이 얼마나 깊고 광범위했던 지를 알 수 있다. 사랑에는 손님이 끊기는 날이 없었고, 경주교동법주도 큰집 작은집에서 큰 동이로 담가놓고 용수를 번갈아 꽂았다.[46]

술이 좋다케도 안주가 좋아야 되는데. 사연지, 다식, 어포, 육포, 약과, 정과 하여간에 큰상에 올라가는 술상이 우리가 길사·흉사때 쓰는 그 음식

---

45 국립문화재연구소, 앞의책(1998), 141~150쪽

46 국립문화재연구소, 앞의책(1998), 152쪽

보푸림 재료는 북어 황태포, 소금, 설탕, 참기름이다.

은 다 합니다. 아닌 게 아이라. 술이 좋다케도 안주가 좋아야 되는데[47]

좋은 술에는 그 술에 맞는 안주가 중요한데 이건 안사람들(여성)의 몫이었다. 2024년에는 주안상의 안주 가운데 북어포를 잘게 찢어 양념한 북어 보푸림만을 최경 보유자의 부인 서정애와 이수자인 딸 최석윤이 만들었다.

서정애 : 법주 안주 만들려고 그럽니다. 법주 안주가 뭐 여러 가지가 있는데 오늘 간략하게 한가지만 이렇게 준비를 했습니다. 법주 안주에는 어포라고 이걸 어포라 그럽니다. 북어인데 어포하고 육포하고 또 사연지라는 우리 집안에서 고유로 내려오는 김치가 있는데 사연지 김치 하고 집장도 있습니

47 국립문화재연구소, 앞의책(1998), 163~164쪽

1 북어포는 마른 상태로 손실하기 힘들어 먼저 수분을 줘서 눅눅해지면 뼈를 제거한다.
2 북어포에는 작은 가시들이 많아 손으로 일일이 발라내고 찢는다.
3 보푸림은 집안 대소사나 손님접대를 위해 항상 준비해 놓았다.

다. 집장하고 뭐 또 문어숙회하고 전 여러 가지 전 종류하고 뭐 이렇게. 육회하고. 손님 오실 때는 그렇게 술상을 차려 내갑니다.

종류가 굉장히 많네요? 예. 많은데 그 다 할 수는 없고 오늘 한 가지라도 해 보여 드릴까 싶습니다. 사연지는 그거는 이제 가을 김장배추로 해야지만이 제맛을 낼 수가 있고요. 그거는 이제 실고추만 가지고 고춧가루 대신으로 사용하기 때문에 실고추도 그렇게 많이 들어가진 않습니다. 그래서 간이 좀 삼삼하고 술안주로 하기에 딱 알맞은 그런 풍미가 있고 또 모양도 괜찮고. 손님들이 드시고 즐기고 가십니다 사연지.

경주교동법주와 궁합이 잘 맞는 안주를 예전부터 배워 집안 대대로 내려오는 겁니까? 집안 뭐 대소사에는 꼭 그렇게 손님상에는 준비를 합니다. 일반적으로 그냥 간략하게 아주 소박한 술상은 어포나 육포 그 정도는 늘 준비해놔야 됩니다. 어머님한테 배웠죠.

뼈를 제거해야 되니까. 뼈 제거하기 전에 먼저 너무 마른 상태에서 손질하기가 힘들기 때문에 약간 눅눅하도록 물로 이렇게 수분을 줍니다. 수분을 쥐서 좀 눅눅해지면 뼈를 발라야 됩니다.

이름을 어포라고 합니까? 북어포입니다. 황태포. 옛날엔 손님이 많으셨죠.

그때마다 교동법주랑 이렇게 안주랑 다 준비하신 거예요 일일이? 예.

술맛과 어울리는 안주 중에 어떤 게 제일 좋다고 생각하십니까? 기본이 이 보푸림입니다.

보푸 포 이게 포라 하지 북어포. 포를 풀었다고 포푸림. 근데 보통 마 보푸림이라 그러죠. 이게 뭐 이렇게 강하질 않으니까 맛이. 간도 강하지 않고 또 맛과 향이 술에 저해 안 되도록 간이 간이나 향이 그렇게 자극적이지 않습니다. 그래서 기본으로 이걸 보푸림을 많이 쓰죠.

그 방망이는 왜 치시는 겁니까?

(다듬잇돌 위에 면보 깔고, 잘게 찢은 북어포 면보에 싸고 홍두깨로 두드린다)

1

2

3

1 손으로 잘개 찢은 북어포는 부드럽게 하기 위해 다듬이로 두드린다.

2 좋은 술에는 그 술에 맞는 안주가 중요하다. 보푸림은 경주교동법주의 기본 안주이다. 안주 장만은 안사람들(여성)의 몫이었다.

3 다듬이돌로 두두리고, 손으로 비벼서 북어포가 최대한으로 부드럽게 만든다.

참기름의 고소한 향, 설탕의 단맛, 간간한 소금이 어울어지고, 젓가락으로 집어도 쉽게 떨어지지 않는다.

부드러워지라고요. 옛날부터 이렇게 했다고 하니까 그래도 현재는 뭐 기계도 많이 발달돼 있고 하니까 이렇게 굳이 어렵게 할 필요 없이 쉽게 하는 방법이 다 이제 터득이 돼 있는데 한번 재연해봅니다 옛날 방식으로.

육포랑 보푸림을 만들려면 며칠 걸릴 거 같은데요 안주 만드실 때? 예전에 손님들 오시고 하면 안주 준비를 미리 안 해놓으시면 이게 힘들겠는데요 그렇죠? 항상 준비 해놔야죠

뭐 들어가는지 말씀해주시면 됩니다? 재료가 북어 황태포에다가 소금하고요 설탕하고 참기름하고가 세가지만 들어가면 간이 딱 맞습니다. 지금 좀 무쳐보겠습니다.

보푸림 양념은? 이 자체에 간이 있기 때문에 간은 그렇게 많이 안 들어가도 됩니다. 단맛은 강하지 않기 때문에 단맛은 좀 넣겠습니다 설탕을요.

(양념을 버무리면서) 기름이 들어가면서 고소한 향도 좋겠지만 이게 설탕하고 소금만 넣으면 어울리지를 않습니다. 기름이 들어가면 서로 어우러져 가지고 젓가락으로 집어도 쉬이 떨어지질 안하죠.

이거 정식이름이 뭐라고요? 북어 보푸림.

기본이 보푸림입니다. 이걸 포라고 하는데 북어포 포를 풀었다고 포푸

1 보푸림은 재료가 준비되면 손으로 무친다. 포를 풀었다고 포푸림이라고 하는데, 보통 보푸림이라고 한다.
2 보푸림은 간을 강하지 않고 자극적이지 않다. 경주교동법주의 맛과 향을 저해하지 않아 기본 안주로 보푸림을 만들어왔다.
3 완성된 보푸림

림, 그런데 보통 보푸림이라고 해요. 간도 강하지 않고 맛과 향이 술에 저해 안되도록 간이나 향이 그렇게 자극적이지 않습니다.그래서 기본 안주로 보푸림을 많이 써요.

술 만드는 건 힘이 듭니다. 안주 만드는 게 쉽고, 또 여자니까 조리하는 맛도 좋고 하니까 이편이 낫죠

5. 시음과 평가

우리가 술 하면 그 지역에서 나는 곡식, 그리로 물, 기후 이것들이 다 배어있는 것이 술인데, 교동법주를 생산하는 교촌마을은 경주 남천을 끼고 있고 신라 때부터 신라 궁궐로 쓰던 월성 옆에 있어서 자연환경은 그지없이 좋다고 생각됩니다. 맛으로 보면 녹아든다고 해야 하나요, 저는 그렇게 표현하고 싶고 향기와 색깔조차도 아주 은은한 옛 3,400년 거슬러 올라가는

고풍스러운 맛과 향을 느낄 수 있다고 생각합니다.

_ 박임관 경주문화원 원장

경주교동법주 누리집(http://www.kyodongbeobju.com)에는 보관방법에 대해 특별한 주의사항이 있다. "교동법주는 생주生酒입니다. 생주는 말 그대로 방부처리나 열처리를 하지 않은 살아있는 술을 의미하며 10℃ 이하 냉장 보관 하에 소비기한 표시일까지 드시는 것이 가능합니다. 제품을 받으신 후 제품병에 찍힌 소비기한을 확인해 주시기 바랍니다. 구입일로부터 30일입니다."

경주교동법주는 본래 겨울술이다. 옛날에는 9월 하순에서 4월 하순까지 6~8개월 정도 빚는다. 최근에 냉장시설이 확충되어 1년 내내 생산이 가능하다. 소비자들은 설날과 추석에 경주교동법주를 많이 구입한다. 그런데 추석 술이 설 술보다 더 풍미가 깊다고 평가를 한다. 발효 숙성 기간이 추석 술은 설날부터 추석까지 약 8개월이 소요되고, 설 술은 추석이후 설날까지 4개월이다. 이는 온도조절만 잘되면 발효 숙성이 길면 길수록 술의 풍미가 깊어진다는 것을 증명한다. 채주 후 온도관리만 철저하게 한다면 1년 이상 저장하여도 변질이 없을 뿐만 아니라 술맛이 더욱 향상된다. 전통적으로는 채주하여 항아리에 넣어 그늘지고 시원한 곳에 저장한다.

완성된 경주교동법주의 색, 향, 맛은 맑고 투명한 미황색이며, 곡주 특유의 향기로운 냄새와 약간의 신맛酸味를 갖는 부드러운 맛이다. 알코올 도수는 빚을 때마다 약간의 차이는 있으나 일반적으로 16~18% 정도이다.

경주교동법주는 누룩 만들 때부터 애주가 입 속으로 들어갈 때까지 죽은 술이 아니라 살아있는 술이다. 100일 동안 만드는 것은 기본이고 100일 이후에 숙성하면 할수록 경주교동법주의 맛과 빛깔은 깊어지고

경주교동법주는 한국을 대표하는 전통 가양주이자, 정통 명주이다.

보유자 최경과 부인 서정애가 음미하고 평한다.
"빛깔은 역시 황금빛이다. 술이 참 맛이 괜찮다."

맑아진다. 이것은 술이 살아있다는 것이다. 경주교동법주는 살아있는 술이기 때문에 그것을 즐기는 사람은 항상 '깔끔하다', '깨끗하다'는 최고의 평가를 받고 있다. 경주교동법주는 한국을 대표하는 전통 가양주이자, 정통 명주이다.

경주교동법주의 명성은 자자하다. 그 중심에는 보유자 최경과 부인 서정애가 있다. 경주교동법주를 다빚고 나서 부부가 마주앉아 보유자 최경이 음미하고 자평한다.

> 이번에 담은 술 맛이 괜찮은가 확인하자.
> 빛깔은 역시 황금빛이다.
> 술이 참 맛이 괜찮다.
> 이번 술은 당신이[서정애]이 애쓴 보람이 있다.

매년 6월이 되면 350년 이어온 경주교동법주의 제조 과정을 시민들에게 공개하는 공개 시연 행사가 열린다.

> 교동법주는 350년이 흐른 지금에도
> 옛날과 같은 방법으로 현재 담고 있습니다.
> 밑술을 담는 시연을 제가 먼저 하고 난 뒤에
> 체험하실 수 있도록 해드리겠습니다.

시민들에게는 수백 년을 이어온 한 집안의 가양주를 가까이에서 보고 체험할 수 있는 의미 있는 자리이며, 보유자의 뒤를 이어 집안의 술 빚는 법을 배우고 있는 이수자들에게는 교동법주에 대한 자부심을 느낄 수 있는 자리이다.

1 매년 6월이 되면 경주교동법주의 제조 과정과 맛을 시민들에게 공개하는 공개 시연 행사가 열린다.

2 가족단위로 참가하는 시민들도 많다. 어린이들에게는 경주교동법주를 실제로 체험할 수 있는 전통문화 교육의 현장이다.

시연 행사는 우리나라 전통 술이기 때문에 음식이잖아요. 맥이 끊어지지 않고 계속한다는 것을 여러분에게 보이기도 하고 여러분이 직접 체험할 수 있도록 하기 위한 공개 시연 행사입니다.

이수자, 전수생이 같이하고 있잖아요. 제가 하지 않더라고 이수자가 직접 지휘해서 할 수 있죠. 우리는 아직 조교가 없기 때문에.

공개 시연행사는 매년 하시는 겁니까? 예 매년 1회씩 합니다. 1회에 3일간

시연행사가 어떤 의미가 있는지. 선생님 그 기능을 이수자분들한테도 알려줘야 되고 일반인 분들한테도 홍보하고 이런 효과가 있을 거 같은데? 시연행사는 우리나라 전통 우리는 이제 술이기 때문에 음식이잖아요. 이 맥이 끊어지지 않고 계속 한다는 거를 여러분들한테 보이기도 할뿐더러 여러분들이 직접 체험할 수 있도록 하기 위한 공개 시연행사입니다. 이수자들 전수생들이 지금 같이 하고 있잖아요. 그러니 제가 안 하더라도 이수자가 직접 지휘해서 할 수도 있고. 우리는 아직 조교가 없기 때문에. 그래서 그 이수자들의 숙련도

1 외국인 참가자들도 있다. 경주교동법주는 한국 맛을 전파하는 한류의 최첨병이다.
2 보유자 최경은 참가자들에게 경주교동법주의 모든 것을 직접 설명하고, 시연하고, 질문에 답한다.

를 높일 수 있는 그런 단계도 될 수 있고.

또 체험단이 아 과거에 이러한 게 우리나라 전통이 내려온 게 있구나 그래서 그걸 피부로 느끼고 할 수 있도록 그래 체험을 할 수 있도록 한 겁니다.

(밑술) 시연을 시작하겠습니다. 이 저희 이 교동법주는 350년의 역사를 가진 술입니다. 이조 숙종 때 사옹원 참봉을 하신 할아버지께서 낙향을 하셔서 그때부터 가정의 가주로 담기 시작한 법주입니다. 이 350년이 흐른 지금에도 옛날과 똑같은 방법으로 현재 담고 있습니다. 그래서 오전에는 여기 누룩을 밟아놨는데 누룩 시연을 했고 누룩 밟는 시연을 했고. 오후에는 우리가 말하는 주모. 밑술이라 그래요. 밑술을 담는 시연을 제가 먼저 하고 난 뒤에 혹시 한번 담아보겠다고 생각하시는 분이 있으면 체험하실 수 있도록 해드리겠습니다. 우선 제가 먼저 시연을 해드리겠습니다. 이 밑술은 술을 담고자 하는 양의 10분의 1을 흰죽을 끓여요. 흰죽을 끓인 데다가 이 저렇게 누룩을 밟아서 분쇄를 한 누룩을 거의 100프로 여기에 다 넣습니다. 그럼 담고자 하는 양이 예를 들어서 100킬로다 하면 흰죽을 10킬로를 흰죽을

1 참가자들은 경주교동법주의 역사, 멥쌀죽을 이용한 메주, 찹쌀로 밑술과 덧술을 담아 빚은 술, 100일 이상 숙성, 살아있는 술 등의 설명을 들으며 놀란다. 경주교동법주의 향, 색, 맛을 직접 시음하면서 더욱 인상 깊어 한다.

2 공개시연행사는 시민들은 수백 년을 이어온 한 집안의 가양주를 가까이에서 보고 체험할 수 있는 의미 있는 자리이며, 술 빚는 법을 배우고 있는 이수자들에게는 교동법주에 대한 자부심을 느낄 수 있는 자리이다.

끓이고. 여기에 20킬로를 넣는다 하면 그 20킬로 다 여기에다가 흰죽에다가 섞어서 발효를 시켜요. 그 발효를 시켜서 이 다음에 하는 공정이 고두밥 쪄서 여기 발효된 거하고 고두밥 하고 섞어 그 다음에 물을 조금 더 첨가해요. 그래 하는데 그 다음에는 누룩을 넣어서 이 발효를 다시 시키는 게 아니고 1차 밑술과 고두밥만 갖고 발효를 시킵니다.

시연행사라는 게 공개행사라는 게 어떤 겁니까? 서정애 : 시연공개 공개적으로 우리가 지금 평소에 늘 하고 있는 걸 보여주는 실지로 보여준다 하는 거지. 관객을 앞에 두고 실지로 하고 있는 이 모습을 평소에도 늘 하고 있지만 이날 정해놓고 그 하고 있는 과정을 100프로 다는 공개를 못 하더라도 그 중에서 중요한 꼭 해야 될 일, 그것만 이제 3일에 걸쳐서 하루 한 코스를 다 하면 3일 동안에 이제 세 번을 계속 하고 있습니다.

교동법주를 알리는 그런 기회가 되는 거네요? 서정애 : 목적은 그게 아니고 말하자면 이 전통적으로 내려오고 있는 이 여러 가지 이제 과정을 안 놓치고 대대로 이렇게 전수시킨다하는 거. 그게 목적이죠. 그걸 이제 문화재청에서 국가에서는 괜히 그거 보유자들 정해놓고 그래야 그 다음에 대가 끊어지면 안 되잖아요. 그러니까 전수자들한테 이 하고 있는 과정을 전통방식이다 이걸 그대로 네가 이어서 전수시켜나가는 국가에서 하는 그 목적에 이래 가지고 우리는 거기에 응해서 하고 있습니다.

시연행사긴 하지만 어쨌든 주목적은 전승하는 걸 보여주는 거네요? 서정애 : 그렇죠. 그래서 지금 이수자 분들이 다 지금 참석해가지고 여기 행사에 참석해가지고 하고 있어요. 한달에 한번씩 꼭 이렇게 공개적으론 안 하지만 실지로는 우리가 전수교육을 받고 있죠.

직접 술을 만드시면서 그 자체를 또 교육으로 활용하시네요? 서정애 : 예 그렇습니다. 실제로 하고 있으니까 자연스럽게. 그러나 한달에 한번씩 꼭 정해 놓고 해가지고 이걸 문화재청(국가유산청)에 보고를 하고. 그렇게 하고 있습니다.

어머님도 이수자지만 아들하고 딸도 지금 이수자로 있지 않습니까? 서정애 : 예 이수자로 지금. 후세대는 전수생으로 더 있거든요. 이수자는 전수를 마친 사람을 이수자라 하죠. 그러면 이제 이수자가 전수생한테 교육을 시키는 거는 대를 잇기 위해 가지고 지금 하고 있는데 전수생들 지금 두 사람

어떻게 잘 이어나갔으면 좋겠습니까 어떻습니까? 서정애 : 예. 보유자도 이제 나이 많고 고령화 되면 이수자가 다음 또 그 세대를 이어 가지고 기능보유자가 돼야 되는데 우리는 지금 아직 그 단계까지는 뭐 연한이나 뭐나 이

런 걸 봐서는 다른 타의 다른 저 문화재(국가무형유산)의 기능보유자들에 비하면 좀 늦은 편이죠. 그래 뭐 어떤 조건이고 어떤 여건인지 우리는 잘 모르니까 하라 하면 하는 건데 아직 뭐 그렇게 연락이 없습니다.

아들하고 딸은 저기 부지런히 배우라고 말씀은 하시겠네요? 서정애 : 계속 같이 일을 하고 있으니까 자연스럽게 뭐 배우라고는 입으로 말 안 해도. 이게 말하자면 가업이 또 되다보니까 안 하고는 안 되고. 가업이 아니면 또 안 할 수도 있는데 가업이다 보니까 자연스럽게 할 수밖에 없죠.

이런 행사 한번 하시면 어떤 반응이 있습니까? 서정애 : 우린 일일이 따라다니면서 물어보진 안하지만 흡족해 하고 가는 거 같아요. 이런 기회에 또 이런 맛을 볼 수도 있고. 평소에 소문은 많이 들었어도 조금 사서 먹어보지는 못하니까 그게 불만이었는데 이런 기회에 와서 맛도 좀 볼 수가 있고. 이걸 맛을 꼭 보일라 하는 거는 아닙니다 규정에. 아니지만 우리가 서비스 차원에서 소문만 내놓고 맛도 안 보이면 인색하잖아요. 그래서 이런 기회에 맛을 또 맛도 좀 보이고 또 뭐 음식 같은 것도 굳이 안 해도 관계 없습니다. 그냥 이 기능만 보여주면 되는데 음식은 옛날부터 또 최씨 문중에서는 또 과객을 후하게 대접하라고 하실 조상들 이제 그런 말씀도 있으셨고. 사람 인정이 안 그렇습니까. 내 집에 온 사람 빈 입으로 보내는 게. 그래서 뭐 작으나마 그래도 대접이라고 하고 있습니다.

교동법주 어떤 술이라고 알고 계세요? 전통주라는 거 알고 가양주라서 최씨집안에 문중의 술이라는 걸 알고 있습니다.

맛도 보셨어요? 옛날에 한 10 몇 년 전에 제가 여기서 직접 사 갖고 먹어봤어요. 깔끔하고. 예. 맛있어요.

직접 체험 해보시니가 어때요? 너무 좋아요. 누룩 만드는 걸 궁금했거든요 사실은. 그래서 누룩 만드는 게 이 누룩이 상당히 궁금했는데 오늘 보니까 흰죽으로 누룩을 빗는다는 소리에 너무 놀랐습니다.

_ 이○○, 공개시연행사 참여 체험객

어디서 오셨나요? 울산이요. 오늘 교촌마을 뭐 체험 있다 해서 왔습니다. 와봤어요.

교동법주 혹시 알고 계세요? 예.

드셔보셨어요? 예 한번. 좀 깔끔하던데요 많이. 향하고 이런 게 조금 다른 안동소주보다 좀 연한데 좀 깔끔합니다.

체험도 하고 술도 한병씩 사가고? 예. 안 그래도 아버님하고 드리려고. 또 오늘 저 친구들 직장동료 모임이 있는데 거기 선물로 한병씩 사주려고 들어왔어요.

_ 이○○, 공개시연행사 참여 체험참가자

III

350년 경주 교동법주의 맥을 이어가고 있는 전승자

350년 경주교동법주의 맥을 이어가고 있는 전승자

1. 제2대 경주교동법주 보유자 최경의 한평생[48]

2006년 3월 15일 : 보유자 최경
1994년 7월 1일 : 보유자 후보 최경
1992년 6월 30일 : 이수자 최경

어디서 태어나셨고 어린시절 어떻게 보냈습니까? 얘기할라 하면은 저는 태어나기는 중국서 태어났어요. 중국서 태어나서 해방 바로 직전에 이 고향으로 왔어요. 고향으로 와서는 얼마 안 있다가 또 6.25사변 당하기 전에 공비들 습격도 많이 받았고. 어릴 때지만 애기 때지만 4살 5살 이때 경주에 공비들이 많이 나타났어. 지리산에도 공비들 나타나서 그때 마찬가지. 그게 다 연결이 돼 있어 가지고 그래서 그때에 천만다행으로 다 살았어요.

48 구술채록 2024년 6월 28일

국가무형유산 경주교동법주 제2대 보유자 최경

어릴 때 중국이라는 게 어디서 뭐 땜에 중국에 계셨어요? 중국은 여기에서 독립운동 하시던 할아버지가 돌아가시고 그래서 우리 원 큰집만 여기에 있고 우리는 형제분이 다 할머니하고 다 1차 만주로 갔어요. 만주로 가서 참 어려운 생활 많이 어른분네들이 하셨어요. 부모님 조모님 그다음에 백부백모님. 이래 하시다가 백부님이 또 붙잡혀서 신의주 형무소 수감 돼 계시고. 거기에서 결국 옥사 하시고. 옥사하신 후에 바로 고향으로 다 전가족이 다 내려왔어. 내려오자 해방이 됐으니.

그때 선생님 나이가? 두 살. 말하자면 겨우 두 살이지만 기억에 남는 게 그것이 잊혀지지 않는 게 뭐냐하면 신의주 철교 있잖아요. 한강철교. 어른분네들이 차를 타고 오면서 그걸 나한테 주입을 하셨는가 봐요. 차창 밖을 내다보고. 그 철교 이거 생겼는 거 그 모양을 늘 내가 연가를 이야기를 했어요. 그 어른분네들이 묻지를 않아도 내가 그런 얘기를 하고. 그 기억이 계속 남아 있는 거예요. 어른분네들이 우리가 멀리 나와 있다가 고향 돌아간다 이러는 거를 어릴 때 자꾸 얘기를 하시면서 그리 내려오는 주위 환경을 설명을 하시고 이러니.

최씨 최부자 댁들이 독립운동 때문에 다 만주로 가시고 이 집들은 다 비어 있었습

1 최경·서정애의 약혼사진(1972년 3월 29일)
2 아버지 최종, 어머니 배영신(제1대 보유자)을 중심으로 한 최경(제2대보유자)의 형제자매, 자녀와 조카 가족사진,

니까? 큰집만 여기에 있고 우리 집만 갔지. 큰집은 드러나질 않았고 우리는 드러났으니까 여기에 못 살잖아. 그래서 재산을 조부님께서 다 한 평도 없이 다 독립군자금 보내고 완전히 여기에선 먹을 양곡도 없으니. 그래서 중국으로 피신을 갔죠.

만주로 피신을? 예. 만주로 1차 피신을 갔다가 거기에서 무려 17년 동안이나 거기에서.

그 와중에 태어나신 거고. 그러면 어린 시절에 해방되면서 바로 여기 경주로 내려오신 겁니까? 경주로 와서 요즘 보문단지 있죠. 보문단지 맞은편에 보면 이쪽으로 남쪽으로 보면 천군동이라고 해서 옛날에 그 양장이라는 목장이 있었어요. 이 털 깎는 면양. 첫째는 산양 그 다음에 그 목동들이 말 타고 다니는. 그게 선친이 거기에 취직을 하셔서 다른 데는 어떻게 들어갈 데도 없고. 그래서 거기에서 생활을 시작을 했는데 또 공비들이 나타나서 거기에서 죽

가족사진(최경, 부인, 아들, 딸). 현재 경주교동 법주의 전승 주체(보유자, 이수자)이다.

을 걸 또 살아서 다시 이리 오는 바람에 직장도 그만두고 선친이 이리 왔어. 이리 와서 생활하는 게 그때부터 양계. 닭 기르는 거. 그 다음에 그 이후로 개간, 그 다음에 과수원. 뭐 고구마 수박 산두벼라고 아마 잘 모르실 거예요. 밭나락. 논에서 나는 나락이 아니고 밭에서 나는 나락. 산나락 산두벼라는 게 멥쌀도 있고 찹쌀도 있어요. 그 두 가지 다 재배. 논이 없으니까. 개간을 했으니까 전부 거기 할 수 있는 거는 뭐 고구마 감자 예를 들어서 뭐 수박 이런 거밖에 못하지. 그 다음에 습기가 좀 있어야 산두벼를 한다 해가 그래 제일 쉬운 거 제일 밑바닥에 산이 이래 있으면 개간 했는 데 제일 밑에다가 한해 심어보니까 좀 수확이 할 수 있겠더라고요. 그게 그때부터 그런 걸 하고 주 선친이 퇴직하고 나서 주업무가 양계에요.

양계? 양계 하시면서 개간을 참 많이 했어요.

생각보다 생활이 좀 어려우셨네요 어린시절에는? 굉장히 어려웠는데 한가지 예를 들면 우리는 쌀로서 밥을 해먹은 적이 없어요. 식생활이 전부 밀가루지 주식이 밀가루에요. 노인이나 애기나. 우유먹는 애기 젖먹는 애기 외에는 그 다음부터는 식빵. 요즘 말하는 카스테라죠. 그걸 집에서 만들어서 아침은 식빵으로 먹고. 그렇게 하다보니까 조그만한 텃밭이라도 있으면 토마토 오이. 그 다음에 집에서 당근 전부 다 다마네기. 다 집에 갈아요. 그래가

1 사랑마루를 배경으로한 배영신, 최경 등 가족사진
2 제1대 보유자를 중심으로 한 가족사진 (배영신 최경 서정애 최석윤 최홍석)

갈아가지고 야채를 그걸로 하고. 그 다음에 식빵 하고. 아침은 주로 그래 하고 점심은 없어요. 식빵이 그만큼 든든하거든. 그래 점심은 없고 저녁에는 국수. 혹은 만두 혹은 수제비. 이런 걸 저녁식사를.

그때 식구가 어떻게 되세요? 그때 식구가 이제 8명. 여덟 명. 그게 식구는 뭐 요즘으로 말하면 그때 여덟 식구가 대식구잖아요. 근데 집집마다 거의가 다 일곱 여덟 이래 되잖아요 식구들이.

그때 어머니가 그때도 뭐 교동법주 이런 걸 좀 담그고 하셨어요? 아니 그때는 이걸로 장사를 할 수가 없어요. 그때는 해방 이후에 밀주단속이라고 해서 해방 되기 전부터 밀주단속은 일본사람들이 밀주단속을 많이 했잖아요. 왜냐하면 국가 세수를 거둬야 되는데 밀주를 하면 세금을 국가에서 못 거두잖아. 그러니까 밀주를 못 만들도록 하고 공장에서 나오는 술만 약주 청주 막걸리. 그것만 이제 해서 주세법을 만들어서 일본사람들이 세금 걷기 위해서 했기 때문에 일제부터 이 밀주가 아니라 우리가 길흉사 행사에도 만들지 못

경주교동법주 전승주체들(최경, 서정애, 최석윤(딸), 최홍석(아들), 최홍진(조카), 이두열(사위))

하게 그렇게 했어요. 그런데 저희 집은 그 우리가 만주 가가 있기 전부터 그 다음에 우리 만주 가고 큰집이 여기에 있을 때 계속 술을 담아서 일본사람도 접대하고 우리 길흉사에도 쓰고. 에피소드 말이 이 술 이름 자체가 법 법자에 술 주자잖아요. 이 법주 정식으로 허가낸 술. 그래서 장사는 못 하지만 다른 집에는 길흉사도 못 해요. 못 담았는데 여기만 그걸 허락했다는 거 그런 에피소드가 있는데 실지 일본사람들이 술을 맛을 보고 아 그 술 맛이 참 좋다. 그래서 그 술 얻어먹기 위해서 길흉사 때만. 눈감아준 거예요. 그리고 길흉사 되면 나는 모르잖아요. 모르는데 일본사람들이 경주에 있는 요직 일본사람은 다 온대요. 외부 사람도 오지만. 그래 와서 술 그걸 먹고 가고.

어릴 때 여기 그때부터 계속 여기 사신 거예요 아니면 젊을 때 어디 뭐 딴 데 좀 나갔다가 오셨습니까? 계속 대학 들어가기 전까지 고등학교 다닐 때까지 계속 여기에 있었어요. 중간에 대구에 가서 국민학교를 1년밖에 못 다녔어요. 그때도 돈이 없어서. 그게 대구 요즘은 대구국민학교에요. 거기에 제가 1년 다니고 제 위에 누님도 1년 다니고. 그리고 할 수 없어서 도로 내려왔어요 여기에. 여기에 내려와서 여기서 고등학교 졸업할 때까지 11년을 여기서 다 보냈죠. 보냈는데 좀 아까 중간에 뭐 개간하고 이런 걸 할 때 자전거를 타면 한 시오리 되는 약 6킬로 되는데 아침에 빵 한 쪼가리 먹고 자전거 타고 개간하러 가지고 아버님 식사 내려드리고 돌아서서 다시 15킬로 와서 학교 가고. 그런 생활 그게 거의

어릴 때 그 다 보내시고 그리고 나는 나대로 중학교 때부터 돼지를 먹였어요. 지금 이쪽에 저 지금 집 있는데 저 쪽에 옛날에 무너졌는데 거기. 거기 이제 돼지를 조금 그거 하지만 요크셔라고 블랙저지 붉은색 띠는 거. 요크셔는 여기에 흰선 둘러져 있는 거 돼지. 그 다음에 완전 우리 토종돼지 검은 거. 그래 세 종류를 여기서 먹였어요.

직접 멕였어요? 네. 그리고 그 개간하는 데 가지 않을 때 새벽 5시 되면 소주아래기라고 소주 만드는데 찌꺼미가 나오잖아요. 그건 시커매요. 그라고 그 옆에 보면 옛날에 법주 이거를 일제 때부터 만들어 판매하던 법주가 있습니다 도가가. 그래가 거기 가면 그거는 하얘요. 그거는 집에 나오는 거 받아가지고 집에 와서 식사해도 할 수 있고. 시커먼 거 소주 이거는 돼지밖에 안 먹어요. 안 그러면 그냥 버려야 돼. 그건 돈 주고 가져오는 게 아니고 흰 거는 돈을 몇원이라도 줘야 가져오고 시커먼 거는 우리가 맘대로 퍼가져와요. 그러면 자전거에다 그걸 싣고 아침에 여기 가서 아침 주고 학교 가고. 그럼 저녁에는 시장에 가서 이제 생선 판매하는데 생선 내장들이 있잖아요. 생선 내장들 그걸 착 걷어가 와요. 그건 돈 안 줘도 되거든 그때. 그것도 서로 가져가려고 해 돈 하나 안 주니까. 그래서 그걸 가져 와 가지고 고와서 닭모이 섞는데. 그거는 돼지 줄 여력이 없어요. 그게 닭모이 섞는데 그걸 섞어서 국물을 만들어서 채소하고 여러 가지를 섞어가지고 먹이고.

어린 마음에 소년시절에 꿈이 있었습니까? 그런 게 있었지만 너무나 이 수분이 없기 때문에 할 수가 없었어요. 그래서 대학교 2년 중퇴 하고 군에 갔어요. 그런 생활을 쭉 해나오다가 대학교 들어가서 아르바이트로 하고 이래 가지고 음식점을 대구에서 크게 하고 양화점 하고 하는 그 집 아들이 학교 동기로 입학을 해가 거기 얘기 들어보니 동생들이 공부를 너무 안 한대. 돈은 있는데. 제가 성격이 차분하니까 그 친구가 야 집에 와서 좀 애들 좀 봐주라. 그리고 거기서 2년간 있었어. 친구하고 같이 거 동생들이 둘이나 있어요. 그래가 걔들 다 2년 동안에 하나는 중학교 가고 하나는 고등학교 가고.

그래더 도저히 안 되겠다 해서 군에 갔죠. 군에도 육군에 안 가고 공군이 좀 기술계통으로 가는 게 안 좋겠나 해서 그래서 공군 들어가서 비행사 정비를 자원했어요. 보통 비행사 정비는 힘들다고 자원은 안 해요. 바로 차출이에요. 근데 자원을 해가 하는데 자원한 이튿날 저는 몰랐는데 그 우리 말하면 중대장 훈련소 중대장이 불러서 가니까 학교 선배. 하지 마라고. 이거 하지 말고 딴 거 하라고. 거기서 아니 나는 이거 해야 되겠다고. 그래서 그 공성섭씨이라고 그분이 우리 학교 선배였는데 그것도 선배인 줄을 모르죠 잘. 워낙 1 2년 선배가 아니니까. 공성섭씨 동생이 동기거든 고등학교. 그래 그 동생 때문에 그 형을 알게 됐는데 그 공군에 장교로 들어와가 그래 계시기 때문에 그게 굉장히 힘이 드니까 겨울에는 손도 트고 막 기름 만지니까. 그렇다고 하지 마라고 그러시는데 어쩔 수 없이 나는 하겠다고. 그래서 이제 비행사 정비자격증까지 제대할 때 다 따고. 그렇게 됐어요.

그때 젊을 때는 직장을 뭘 다니신 거예요? 그래 막상 딱 나와 가지고 그걸 써먹을라 하니 비행사 정비사 자격증 가져도 시험칠 데가 없어요. KAL이 처음 생겼는데 정비사를 1차 모집을 우리 제대하기 전에 했잖아요. 했기 때문에 그 다음에 2차 모집을 할라 하니 몇 년 기다려야 된다 그러더라고. 그래서 이거 못 하고 해외 정비 2능 2급 1급이 아니고 2급 기능사 자격증까지 따고 제대를 했거든요. 안 되면 해외에 간다고. 그리고 동기생 같이 시험 쳐서 된 사람이 세 사람인데 그거 저는 못 가게 됐어요. 신원조회에 걸려서.

왜요? 이건 그런 또 문제가 있어서 신원조회에 걸려서 못 가게 돼서 여기서 뭐 여러 가지 어려운 거 많이 했죠. 말하자면 외판원 같은 거. 허허. 내가 회사에 가서 외판원 자격증 받아가지고 내가 외판원 하면서 내가 지점을 차려 가지고 그래 하는 그런 것도 하고. 여러 가지 하다가 그래서 그 다음에 삼성으로 들어갔죠.

삼성전자요? 아니 삼성제일. 그때는 전자가 생기기 전이라. 전에 초창기 전자 처음 시험할 때. 앞으로 이게 유망하다 이래서 하더라고. 그래서 섬유 계통에 들어갔지.

그때 몇 살 때신가요? 스물일곱살.

대학교를 어디 무슨 전공을 하셨습니까? 대학교는 기계인데 기계도 졸업을 못 했잖아요 그렇게 돈을 벌어야 되니까. 그래가 중퇴를 하고. 나는 이렇게 해서 야간대학을 마칠 수 있겠다 해서 들어갔는데 들어가서 보니까 그걸 못 하게 해.

27살 직장 다니시고. 그때 객지 나가신 거네요? 대구. 대구 있다가 결혼 후에 서울.

직장 다니면서 사모님 만나신 거예요? 직장 다니고 이래가 만난 게 아니고 중매로.

왜 서울로 올라가셨어요? 중매로 결혼 후에 이동이 생겨서 이제. 내가 지원해서 서울로 좀 가야겠다 해서 서울로 갔지.

서울에서 계속 사시다가 경주에는 그러면 어떤 계기로 내려오신 거? 80년도에 선친이 돌아가셨잖아요. 아버님이 돌아가셨어요. 아버님이 돌아가시고 어머님 혼자 여기에 계시니까 맨 끝에 동생하고. 그래 서울로 올라 오시라니까 어머님이 안 올라오시니까 이걸 두고 올라갈 수 없다. 혼자서 고생이 굉장히 많이 하셨어요. 여기 여름 되면 비가 이게 오잖아요. 그러면 방방이 다 불 때는 걸 다 연탄으로 바꿔가 연탄을 다 여름날 다 때요. 그래야 이 한옥이 살아요. 한옥은 불을 때지 않으면 밑에 이 흙 다 흙으로 만든 것이 습기가 차고 막 얼개져요 삭아서. 아무도 안 살면. 그러니 그걸 예방하기 위해서 이제 어머님이 연탄을. 그럼 보통 여름 한철에 연탄 1000장이 들어가요. 돈이 문제보다도 집을 살려야 되기 때문에. 그렇게 해서 계시니까 안 되겠다

경주교동법주를 음미하는 보유자 최경

해서 이제 84년도에 내려왔지? 81년도에. 80년도에 돌아가시고 81년도에 1년만에 이제 바로 내려왔으니까.

직장 같은 건 다 어쩌시고? 직장을 그냥 사표로 그냥 내고. 회사에 사표 수리 안 해줬어요. 못 나가게. 회사에는 그대로 있었으면 참 좋았을텐데. 우리도 이제 섬유에 그 메리야스 우리 안에 런닝샤스 말하잖아. 그런 종류. 그 다음에 신사복. 두 가지다. 니트 직물이라고 해서 이 실로 가지고 짠 거 모양으로 메리야스 이래 짜잖아요. 그런 거 모양으로 하는데 그런 거 설계 제직 해가지고 가공까지 해서 이제 회사 이름을 걸고 이 각 대리점을 모아놓고 품평회를 하고 난 뒤에 이거 오더를 받아요. 새로운 제품을 시직을 짜가지고. 그런데 있었거든요. 그런데 있으니까 이게 이제 사람 하나 나오면 그만큼 숙련된 사람을 키울라 하면 어렵잖아요. 그래서 그래 이제 좀 못 나가게 했죠.

어쨌든 내려가겠습니다 해서 내려오신 거네요? 그래도 어쩔 수 없어서 그게 이제는

어머니 때문에 내려오셨는데 그때 그럼 내려오시면서 여기 밑에서 뭐 직장이나 이런 건 알아보셨어요? 아니. 이제 직장을 여기 내려오면 뭘 할 게 없잖아요.

그래서 옛날에 틈틈이 이렇게 그거 하던 아까 잠깐 얘기했는데 이제 소목장. 그게 취미로 계속 해오던 게 있어 가지고 소목장 종류의 그런 경상 뭐 자상 상 종류, 뭐 이런 거를 여기 뒤에 아까 저장실 있는 게 저게 원래 그거 내 공방이에요. 원래 내려오자마자.

목공 공방을 하신 거예요? 예. 그래서 그런 거를 해서 판매하고 우선 생계를 이어야 되니까. 그 하다가 83년도[49]에 우연찮게 문화공보부 장차관과 동아일보가 항상 두드려 맞을 때 한참 두드려 맞을 때 언론사 편집국장님들하고 문화공보주 장차관하고 경주 보문단지에 와서 세미나를 했어요. 세미나를 하고 올라가기 전에 여 연합통신에 기자 한분이 잘 아는 분이 우리 집 내막을 아시는 분이 혹시 전화가 왔어요. 술을 혹시 법주가 철은 아니지만 담아놓은 게 있느냐고. 그래서 조금 한번 기다려보라고. 그래서 저 뒷방에 몇 병이 있었어요. 그거는 뭐냐 하면 선친이 돌아가시고 상을 놔야 되잖아. 그러니까 매년 담을 수 없고 변질이 안 되면 그냥 놔둬본다고 넣어놓은 게 81년 돌아가시니까 2년 3년 2년6개월. 3년은 되지 않고 2년 6개월 정도 된 술이에요 그 남아 있었던 게. 근데 저기 사용을 안 하니까 변질이 안 되었어. 그게 한옥이 좋다 하는 걸 그때 처음 알았어요. 여름이나 사계절을 다 문을 잠가놓고 있어도 겨울에 들어가는 온도가 여름에 들어가는 온도나 같이 시원해. 그 문 열고 들어가면.

---

49 앞 절에서 국가중요무형유산 향토술담그기의 행정절차와 과정에 대해 알아보았다. 국가중요무형유산 "향토술담그기" 지정은 1982년도 시작하여 1986년도까지 진행되었다. 경주교동법주 제2대 기능보유자 최경의 구술자료는 앞에서 살펴본 전통민속주 지정과정과는 명칭이나 관계기관의 차이는 있으나, 몇 가지 오류에도 불구하고 경주교동법주 지정과정에 대한 생생한 현장의 구술자료이다. 특히 이런 지정과정에서 현장에서 겪고, 느끼고 기억하는 내용을 경주교동법주 기능보유자인 최경의 구술을 통해 들어본다. 최경의 구술자료는 관련기관과 관련자에 대한 오류가 있지만 일련의 지정과정과 절차, 연도 등은 일치한다. 국가무형유산 경주교동법주 지정 과정과 절차에 대한 현장기억으로서 최경의 구술자료는 정확성을 떠나 부친 상장례 후 2년 이상 보관하던 경주교동법주가 외부에 알려지게 되는 계기, 엄격한 심사과정과 현장 상황 등은 공식적인 기록과 과정에서 담지 못하는 자료들이다.

따로 만드신 술이 아니고 아버님 기일? 예. 그때 마 돌아가시고 만들었는 술이. 그게 그렇게 지났다고. 그럼 마침 그 술이 조금 있어 가지고 다시 전화로 술을 취할 정도 자실 정도는 없습니다. 없으니까 맛만 보실라 하면 오시라고. 맛 보실 정도는 됩니다. 그래서 오시게 됐어요. 오시게 돼서 장관님은 바빠가지고 바로 가시고 차관님 이하 언론사 편집국장들 중앙지 뭐 전부 다 10명이 12명인가 뭐 그래 됐어요 오신 분들이. 그래 그 자리에서 이 술을 맛보시고 거기서 옛날에 우리집 큰집 행사 때 법주를 자셔본 분들이 술이 그 법주하고 틀린다고.

어 틀린 게 맞다고. 우리는 술을 이렇게 오래 놔두지를 않았기 때문에 그때는 바로 술 떠서 바로 다 드려서 손님 접대한 술이고 이거는 숙성이 이만치 됐는데 술 투명도도 보시면 다르실 거라고. 그게 진짜 맞다고. 맞는데 이게 그만치 두면 변질이 되는데 우리도 몰랐다고. 이제 아버님 돌아가시고 여기에서 이래이래 해서 사유를 다 설명을 하니까 그때 이제 조금 술 자시는 분은 수긍을 하고 술 이제 못 하시는 분은 그래도 자꾸 이래 갸우뚱 하고. 그 자리에서 어떤 편집국장 한 분이 우리나라도 전부 다 수입자유화가 되고 이래 되면은 다 오픈을 해야 되는데 술도 곧 오픈을 해야 될 거 같으니 우리 술 개발을 빨리 서두릅니다. 일차 우리도 이런 개발을 하면 좋은 술이 될 수 있으니 우리가 역으로 우리도 수출을 하면 되지 않습니까. 그 자리에서 그 얘기가 나왔어요.

그래서 자시던 술을 딱 종이컵 용으로 치면 반병 정도 남았어요. 그거 놔두라고. 서울 올라가서 기자분들 보낼테니까 사진기자. 이거 해서 칼라로 잘 찍어서 한국문화를 만들어야 되니까 좀 놔두라고. 거기에서 그런 이야기를 하시고 올라가고 설마 이렇게 되리라고는 생각을 안 했어요. 올라가시자 한달 됐나. 그게 미승 해가 금일봉을 보냈는데 술을 제조를 해오라고. 마음대로 못 담잖아요. 그러니까 제조를 해보라고. 그래 제조하면 국세청 지방청 걸리게 법에 걸리니까 못 합니다 하니까 내가 지금 공문으로 다 보내놨으니 전국에 술을 옛날 우리나라 이름 있던 술들은 다 재조사 하는 공문을 보내놨으니 담아보라고 해서 그래서 이게 시작이 된 거예요.

민속주 개발이. 그래서 민속주 개발이 시작이 됨과 동시에 이 문화재로 들어간 이유가 초창기에 그래서 문화재 술을 먼저 선택을 하자 이래 돼서 60여 가지 중에 우리 3가지만 국가지정문화재가 됐어요 그때. 그 중에 문배주, 면천 두견주, 교동 법주. 요 세 가지가 된 거예요. 그게 됐는데 문배주는 남자고 그때는 서열이 남자니까 남자 나이 많은 사람 어머니하고 뭐 같은데 남자가 86-1, 면천 두견주 남자가 86-2, 우리는 86-3으로 국가지정문화재로 지정됐어요. 그 다음에 나머지 11가지가 같이 지방 지정으로 지정되어서 60가지가 넘는 데서 14가지만 1차로 선발했어요.

그거 선발하는데 아까 말씀 드린 83년도잖아. 금일봉 준 그때 다음부터 매년 2~3회씩 술을 담아서 86년까지 올렸어요. 그거를 전문가 학교교수 국회문공위원 이런 분들이 다 맛을 보고. 한 사람 것만 맛 보면 모르잖아요. 그러니까 이제 돌아가면서 오늘 교동법주 마시면 내일은 건너뛰고 모레 문배주 먹고. 또 한 금방 하면 취한 걸 모르잖아요. 그러니 그런 식으로 우리는 나중 이야기 들은 건데 그런 식으로 해서 그 중에서 세 가지는 국가지정, 11가지는 지방지정으로 선별하는 그 시간이 3년이 걸렸어. 그걸 찾아내는. 우린 3년 동안 올리라 하면 담아 가지고 올리고 올리라 하면 담아 가지고 올리고. 그래서 여기 지방청 국세청에서 그거 이제 인정을 해주는, 담을 때마다 신고만 하면 인정해주는 게 나와요.

그 전까지는 아예 그렇게 담을 수도 없었군요. 그때부터 담기 시작했네요. 근데 그러면 어머님 배영신 보유자께서는 어쨌든 83년도 이후부터 이제 본격적으로 술 담는 걸 하신 거네요? 예.

선생님은 뭐하셨어요? 제가 그 공방 하다가 86년까지 계속 했잖아요 공방을. 86년 11월에 그게 되고 나니까 이게 아까 했으니까 만들었으니까 시음회를 해야 되잖아요. 크게 널리 지정이 됐으니까 시음회를 널리 해야 되요. 그래서 1차 한 것이 서울 코리아하우스. 87년. 1987년 11월에 됐으니까 술을 좀 많이 담아야 되잖아요. 담아 가지고 여기에 따른 안주하고 가져간 게 아까 저 사진에 나옵니다. 몇 커트가 있어요. 그래 거기 올라가서 코리아하우스에서 발표회를 했어요. 시음회 시음발표회를. 그게 1회에요. 그 뒤로 지금까지 내려온 게 매년 하고 있잖아. 지금은 이름이 바뀌어서 시음 시연이 그때는 하나로 뭉뜨려져가 있었지만 지금은 시연회. 이게 매년 6월달에 하는 걸로 바뀌어졌어요.

그때는 선생님 공방을 이제 그만두시고 본격적으로 어머니하고 같이? 그걸 하다보니까 이 공방에 손이 없어. 할 수 있는 시간이 없어. 왜냐면 술을 지금 촬영을 해보셔서 알지만 이 술을 할라 하니까 그때는 모르는 것도 많잖아요. 새로운 걸 또 하니. 어머님하고 겉으로 눈으로만 그냥 어릴 때부터 봐왔다 하는 거지 내가 실지로 내 손으로 내가 해야 되는 거는 어머님하고 둘밖에 없잖아. 이 집사람 시집왔으니 옆에서 거들어야 되고. 그러니까 도저히 할 겨를이 시간이 안 나는 거예요. 그래서 일단 접자. 접자고 생각하고 장소가 또 안 되잖아. 그러니 더 접었지. 이걸 개조를 해야되겠다. 그래서 이 공방 대신에 술방으로 이렇게 바꾸게 된 거예요. 그때 처음에 할 때는 저쪽 문 있는 게 저게 부엌이에요. 저 부엌에서 이 방 여기서 섞어 넣고 발효시키고 그 다음에 뒤로 빼고. 오늘 사진 찍는 데. 그거하고 이 방하고 저 부엌하고 세 개밖에 없었지 사업장이.

그때부터 본격적으로? 그게 협소하잖아요. 그리고 장소도 안 맞고. 그래서 이 공방을 완전히 뜯고 술을 만들 수 있는 게. 처음에는 벽이 저 벽이 아니에요. 시멘트가 아니었다고. 근데 지금은 시멘트. 위에만 기와 그대로.

원래 선생님 손재주가 있으셨나 봐요. 항공기 정비사부터 해가지고 그 다음에 뭐 또 목공 그 공예품도 만드시고) 어릴 때부터 선친이 요즘 말하면 예술가에요. 아버님이. 아버님이 하면 완전 입체조각. 사자 같으면 사자 머리서부터 발끝까지 입체조각. 이건 우리나라에는 작품이 한 점도 없습니다. 중국에 있고 일본에 있어요.

조각을 하셨나요? 예. 뭐 선친도 그렇게 그런 걸 하셔도 그런 꿈이 있어도 그런 걸 펴시질 못했잖아요. 어른분네들이 독립운동 뭐 재산이 하나도 없어지고 이러니까 또 생계하기가 바쁘시니까. 그래서 하다가 중국서 여기 들어오고 난 뒤에 그런 거 이런 거 그 다음에 주로 주업무가 아까 양계라 했잖아. 닭은 오래도록 먹였습니다.

원래 좋아하시던 게 있었고 직장도 다니셨는데 사모님하고 두 분이서 어머님 경주교동법주 만드는 거를 선뜻 이렇게 한다는 게 또 쉬운 선택은 아니었을 거 같은데 그때 무슨 생각으로 그렇게 해보자 이런 생각을? 무슨 생각보다도 뭐 저 사람하고 저하고는 어머님하고 이걸 이런 기회에 명맥을 그대로 이어나가야겠다는 그 일념 하나뿐이었죠. 어렵더라도 생활은 어차피 어렵잖아요. 어려우니까 그래 그거라도 한번 해보자. 그 이제 저거는 하면 우선 돈이 들어올 수 있는데 이거는 금방 돈이 안 들어오잖아 술은. 판매가 안 되니까. 86년도에 그 지정 받고 술 제조 판매가 다른 술은 91년도에 됐어요. 그럼 5년이나 걸렸잖아. 우리는 92년도에 됐으니. 그것도 또 우리집이 좀 다른 거하고 걸리는 게 뭐냐면 술이라는 게 주세법에 보면 막걸리 약주 청주 명약주 이래 갈라져가 있거든. 근데 우리는 만드는 방법은 약주고 나오는 술은 청주로 나와요. 이게 걸려 가지고 다른 거는 다 약주면 약주, 청주면 청주, 명약주면 명약주 이렇게 구분이 되는데 우리는 이게 걸려서 1년 동안 기다린 거는 주세법을 이대로 두고는 도저히 국가지정 생산을 못한다. 주세법 통폐합 하

자. 그래서 주세법을 바꿨어요 우리 술 하나 때문에. 어떻게 바꿨냐 하면 약주 청주 명약주를 한테 묶어서 주류 하나로 묶어가 약주류 속에서 구분하자. 그래가 약주류 중 약주, 약주류 중 청주, 약주류 중 명약주, 법을 그래 바꿨어. 그래가 우리가 하게 된 게 이 법 만드는데 1년 걸려.

1년씩? 그 법을 그냥 못 만들잖아. 국회도 있고 여러 가지가 있으니까. 그래서 1년 동안 우리는 생산을 뭐 제조 자체를 못 했죠.

86년도면 선생님이 연세가 나이가 몇 살 땝니까? 내가 그때 한 40대 됐나.

사모님하고 같이 서울에서 어쨌든 직장 다니시고 그렇게 하시다가 내려와서 돈도 잘 안 되는 또 그 교동법주를 만들어야 될 때 사모님 반대 안 하셨나요? 내려올 때는 사실은 반대를 했다고 봐야 되지만 그래도 다 내색 안 하고 잘 따라줬죠. 여기서 이제 어머님이 혼자 계시니까. 그래서 그런 걸 어떻게 표현할 수가 없죠. 표현할 수 없는데 미안하고 그렇지만 그래도 잘 들어줘서 같이 이렇게 내려오게 됐지.

그때부터 그럼 계속 교동법주를 만드신 거네요? 네. 그래서 처음부터 우리는 판매 목적보다도 기술 축적 목적. 특히 그걸 신경쓰게 된 거는 왜 그러냐 하면 우리가 처음에 말씀드린 그렇게 2년 6개월이나 있어도 술이 괜찮았다. 이걸 연구를 해야 돼. 여기에 초점을 두고 제조는 하면서 또 이제 판매허가까지 나서 판매를 하면서 그걸 염두에 두고 늘 공부도 하면서 이렇게 했던 거예요. 그래서 지금도 어느 정도는 그렇게 할 수 있는데 지금 현재는 할 수 없는 것이 장소가 협조하기 때문에 지금 현재 못하고 있어요. 그걸 하게 되면 아마 나중에 이 가격이 엄청난 차이가 있을 겁니다. 왜냐면 2년이나 있는 기간 동안을 다 원가계산 포함해서 나와야 되니까. 내 말이 거짓말이 아닌 거를 증명을 하나 시키면 되는데 다 나중 보여드릴 게 었어요.

자녀분들한테는 언제 기술을 전승하시려고 마음 먹었습니까? 마음먹은 거보다도 이제 어차피 이렇게 됐으니까 이거를 할 수 있는 과를 선택하는 게 좋지 않을까. 요새 미생물과 하고 식품가공과 하고 두 가지가 있는데 미생물보다는 포괄적으로 이거는 식품이니가 우리가 음용수의 식품 아닙니까. 그래서 식품 중에 음용수니까 그래서 식품가공학을 하도록 유도를 해서. 아들이 식품가공학과를 나왔어요. 아이들도 어느 정도 그런 거 학교에서도 4년이나 공부했으니까 이제 앞으로는 내가 해오던 방식은 어느 정도 준수를 하되 너희들이 새로운 걸 개발 개척을 해야 된다. 원기둥은 살리고 부가지를 전부 다 잘라내고 거기에 너희들이 더 좋은 방법을 갖다 붙여야 된다. 내가 그런 식으로 교육을 하지.

경주 교동법주 보유자로서 앞으로 계획 같은 게 있으시네요? 어쨌든 이게 조금 더 보급화 되고 일반 대중들한테 좀 다가가고 이런 욕심도 좀 있으신 거죠? 다른 욕심은 원래 금물이고. 원래 처음 이 판매 시작할 때부터 지금까지 한결 똑같습니다. 판매 목적을 위주로 하는 게 아니고 생산을 더 좋은 생산을 만들도록 노력하는 거 그게 첫 번째. 더 좋은 거를 생산해야 판매는 자동적으로 따라오잖아요. 판매가 안 되더라도 맛이 똑같더라도 판매가 안 되고 그러더라도 중간에 어떤 기술 노하우를 잘 살려서 이 맛이 월등히 좋다 그러면 누구든지 와서 한번 먹어보고. 야 이런 술도 있나. 과거의 법주보다 이거는 훨씬 좋은 거다. 그렇게 소문만 한번 나면 그게 또 돈을 따라오잖아요. 그런 식으로 사고방식을 바꿔서 해야지 젊은 세대는 그게 잘 안 될 겁니다. 솔직한 이야기로 내가 말씀드리면. 그렇더라도 그런 식으로 아이들한테 지금도 유도하고 있고 그렇게 하고 있어요.

86년도 이후에 어머니하고 같이 작업하시면서 독도 무겁고 해서 힘드시고 좀 다치시고 이런 것도 알고 있는데 고생을 많이 하셨을 거 같아요? 그거는 이제 뭐 어쩔 수 그런 일을 하다보니까 어쩔 수 없잖아요. 그게 과거에 개간도 해보고 닭도 먹어보고 뭐 풀도 베보고 요즘 말하는 개구리 닭보양식. 사람도 개구리가 보양이잖아요. 닭은 특히 더 보양이에요. 개구리 이런 한 깡통 아침에 일찍이 나가서 잡아가고 이걸 고아 가지고 닭모이 했어 이 국물을.

뭐 그런 거 이렇게 해도 이제 이런 일을 할라 보니 저 독이 옛날부터 있어도 어릴 때는 우리가 안 들잖아요. 안 들어가 몰라. 와서 직접 들어보고 당겨보고 하니까 엄청 무거운 거예요. 상상도 못했지. 저 사람도 허리가 안 좋은 게 그때 둘이가 같이 당기고 밀고 그래 했잖아요. 여기 여기에서 이렇게 들어가니. 그래 저기도 허리가 그렇고 나도 그렇고. 그래서 지금은 가급적이면 조심하고. 그때는 그렇게 당기고 해도 원래 운동도 기계체조도 많이 했고 하기 때문에 이 요령을 잘 해서 허리를 거의 안 다치도록 늘 조심하고 했는데도 안 되더라고요. 너무 이게 많다 하니까 무리가 오게 되고 이래하니까.

허리를 좀 심하게 다치셨어요? 심하게 다친 게 아니고 말로 표현하면 끝은 다친 건데 처음 시작은 자연소모. 일을 천천히 이래 하면서 무리가 가니까 조금씩 조금씩 닳아 들어가는 거예요. 닳아뜨려. 그게 이게 10년 정도 닳으면 척추가 마디가 뭐 2번 3번 5번 이래 있는데 4번 5번 마디에 연골이 한 개도 없어요. 한 개도 없을 정도로 닳아가 있는데 걸어다니는 사람 당신 같은 사람 하나뿐이래. 왜 그러냐. 격한 심한 운동을 안 하고 매일 같은 운동 요리 하니까 여기에 신경이 이거 닳으면서 이게 마침 안으로 안 굽어지고 밖으로 굽어졌어 사진에. 밖으로 굽어졌는 게 이게 계속 요래 밖으로 이렇게 있다가 이게 점점 길어지는 거야. 길어지다가 삐끄닥 하는 바람에 이게 튀걸려서 이래 있던 게 요 안으로 싹 돌아갑니다. 그래가 여기 딱 걸음 걷는데 들어오자마자 한발 떼는데 고 자리에서 탁 쓰러졌어요. 마비가 와 버리니. 신경이 겹치니까 못 내려가잖아. 그게 걸을라 하면 발이 나가지도 않하지 그냥 몸 전체가 구부러졌지.

그게 몇 살 때쯤입니까? 95년인가. 그러니 이렇게 되다가 보니까 이게 이렇게 되기 한달 전에도 우리 동호회 축구를 하고 있었어요. 그래 또 이런 이야기 하면 옛날 이야긴데 이회택이 있죠? 이회택이 우리 재일모직 축구단의 우리 동기잖아요. 후배잖아 후배. 김재한이 꺽다리. 김재한이 대구 성광고등학교 나와가 그 픽업해가 들어와 있었던 애에요.

축구도 잘 아시네? 그래가 이거 하고 했는데도 허리가 너무 아파가지고 외과 정형외과 가가지고 진찰을 하니까 가면 허리를 쭉 펴가 사진을 찍잖아. 그럼 여기 MRI나 CT 같으면 이게 나타나는데 그냥 흑백 이거는 일반 촬영은 안 나타나잖아. 안 나타나고 허리를 펴니까 이게 그대로 다 펴져가 여기 있는 걸로 나타나가 의사가 몰랐어요. 이 사진을 보고. 사진을 나도 암만 봐도 MRI 그거 찍은 거하고 비교를 해야 표가 나. 그리고 사우나 가가지고 1시간 푹 쉬다가 오라고. 그래서 진짜 사우나 갔었죠 친구들 이제 다 데리고. 가 가지고 하고는 집에 오고. 그걸 몰랐어요 그래.

95년도에 그러고 그 뒤로 완쾌 되거나 그런 게 아니고 계속 조심해서 이렇게? 하고는 늘 조심하고 해도 그래도요. 의사가 의사는 10킬로 이상 못 들게 했어요. 쌀이 지금 여기에 쌀 저거 포대 저거는 20킬로짜리에요. 그때까지 40킬로 짜리 한 포. 큰 거 한 포 40킬로를 들어왔거든. 그걸 다 들었다니.

사모님이? 저기는 뭐뭐 들 수가 있어야지. 그래도 그거대로 하고 나는 혼자 그 포는 한 포 40킬로짜리 들어가지고 부어가 다 따고 해가 쌀 씻어야 돼. 그럼 또 구부려서 쌀 씻어야 돼. 그래 겨울을 이렇게 하다 보니 수술 후에 한 1년 2년 잘 신경 써서 그런 일을 안해야 되는데 그런 일을 하다보니까 고 밑에 게 또 닳아. 그거를 이제 하다보니

마지막으로 경주 교동법주가 어떤 술로 기억되고 앞으로도 계속 됐으면 좋겠다 이런 바람이 있습니까? 술을 이렇게 하다보니 조금 전에도 쉬엄쉬엄 이야기를 많이 했는데 이거를 연구대상에서 이제는 이제 소비자들한테 연구했는 거를 맛보일 정도가 돼야 되요. 그게 첫 번째 해야 될 목표고. 두 번째는 그 좋은 술을 더 좋게 만들어 나가는 그걸 더 연구를 하는 게. 연구를 해서 소비자한테 맛을 보이는 게 그게 제 꿈이죠.

앞으로 아이들한테도 그렇게. 그라고 돈이 다라고 생각하면 이런 연구 결과를 할 생각이 없어집니다. 판매 위주로마나 제조를 하게 되잖아요. 판매 위주로마나 제조하지 말고 모든 걸 좀 더 나은 발전적인 걸 먼저 연구를 해서 판매를 하도록. 그런 걸 계속 아이들도 다음 세대로 넘어가더라도 그렇게 하도록 하고 싶고.

보유자 최경은 술을 잘 못하지만 다 빚은 후에 시음과 평가를 한다.

어느 정도 제가 이루어질 수 있을는지 모르겠습니다만 지금이라도 장소만 허락되면 한 1년 이상 숙성시킨 걸 판매를 할 수 있어요. 그 정도는 기술이 축적되어 있으니까. 할 수 있는데 그거를 판매를

국가무형유산 경주교동법주 제2대 보유자 최경의 기록영화를 2024년 제작했다. 1997년 어머니 배영신의 기록영화 제작한 후 27년 만이다. 이번 기록영화는 제작사 ㈜큰물고기미디어, 감독 정태경, 작가 황지혜, 촬영 홍성운 김재송 등이 참여했다. 이 기록도서의 제작과정에 대한 촘촘한 인터뷰는 정태경 감독의 주도로 이루어 졌다.

하도록 해놓고 내가 그만둘지 그거는 잘 모르겠어요. 빨리 이제 터도 물색하고 터는 본진을 못 떠요. 문화재법상 멀리 가면 다른 데 게 되잖아요. 그래서 가까이 할라 하니 지금 아직 터가 없어서 못 하고 있고

더 숙성시킬 수 있는 기술이 있는데 이제 공간을 좀 확보해 가지고? 예. 좋은 술을 만들어야 더 좋은 술을. 그게 이제 앞으로의 꿈이죠. 이미 술이 어느 정도 사람들이 자셔보고 어느 정도 좋다 이런 걸 하 그 술이 어느 정도가 아니고 굉장히 좋더라. 이 서양의 꼬냑 같은 건 누구든지 먹어보고는 향과 이거를 다 극찬하지 그거 그 향 나는 싫더라 하는 사람 한 사람도 없잖아요. 그런 술이 돼야 되요 술이. 만들은 이미 만들었으니까 그런 술이 되도록 내가 좀 노력을 더 많이 해야 돼. 그래서 그게 제 꿈이에요. 아이들한테도 그렇게 해야 되고.

2. 경주교동법주의 산증인 최경의 부인, 서정애[50]

서정애는 경주교동법주 제1대 기능보유자 배영신의 이수자이다. 국가무형유산 관계 법령에 의하면 기능보유자가 사망하면 그때까지 지정된 이수자는 전승교육사, 보유자 등으로 승격 지정할 수가 없다. 시어머니인 제1대 기능보유자 배영신이 돌아가시고는 현대까지 이수자의 자격에만 머물고 있다. 하지만 경주교동법주가 국가무형유산으로 지정 이전, 이후, 현재까지 경주교동법주를 빚어온 산증인이다.

고향이 어디세요? 청송 마뜰이라고 합니다. 경상북도 청송군 상평리라고

50 2024년 6월 6일 구술조사

서정애(이수자), 국가무형유산 경주교동법주 산증인이자 공로자이다.

하는데 옛날 이름은 마뜰이라고. 말마 자, 들편 자인데 마편이죠. 그런데 요새는 상평동이라고 합니다. 지금은 또 주왕산면이라고 하고요. 정산 가는 입구에 위치하고 있습니다.

어릴 때부터 계속 고향에서 사신 거예요? 어릴 때 한 열댓 살 먹었을 때가지는 고향에서 살았죠. 그 후에는 객지에 나와가지고 객지라고 해도 학교 한다고 나왔다가 그 다음에 직장으로 가고 직장에서 이제 결혼까지.

직장은 어디로 다니신 거예요? 직장은 뭐 서울에 뭐 조그만한 무역회사 다녔었어요. 서울 있다가 이제 결혼할 즈음 돼 가지고 대구로 내려왔어요. 대구에 부모님하고 오빠하고 오빠가 사업을 대구에서 했거든요. 직장이 다니다가 오빠 사업하는데 도와서 봐주다가 그러다가 이제 나이 차서 결혼하게 됐죠.

26세에 경주최씨댁으로 시집와서 지금까지 사진처럼 부엌이 배경이 되었다.

보유자 선생님하고 대구에서 만나신 거예요? 중매로? 중매. 원래는 우리가 연고지가 안동입니다. 청송이 거기는 북쪽이니까 안동하고 가깝거든요. 안동이 이제 외가가 안동에 있기 때문에 외가 연줄로 해가지고 중매가 됐어요.

외가 쪽으로? 예.

그때 나이가? 스물여섯살.

스물여섯에 중매로 아버님(보유자) 만나시고. 그때는 뭐하시는 분인 줄 알았어요? 그때는 제일모직에 직원이죠. 직장인이죠.

두 분이 서울에 올라가신 거예요 결혼 하시고? 그러다가 있다가 서울 올라갈 때는 또 다른 회사로 옮겼죠. 코오롱 물산인가? 코오롱 코롱 확실히 그 이름 모르겠네. 세월 지나가지고.

그때 우리 어머님도 그때 직장을 다니셨어요? 아니요 저는 그냥 이제 전업주부죠. 결혼과 동시에 전업주부로.

그럼 서울에서 계속 사시다가? 서울에서도 불과 몇 년 못 살았습니다. 72년도에 결혼해가지고 이내 서울로 올라갔거든요. 서울 올라갔으니까 80년도에 아버님 돌아가시고 81년도에 제가 먼저 내려왔습니다. 경주로 먼저 내려오고 집에 어머님 혼자 계시니까 제가 먼저 내려오고 저분 저 남편 되는 분은 83년도에 거의 내려왔습니다. 사표 수리가 안 되고 그래 가지고 왔다 갔다 하면서 83년도에 아버님 이제 80 81 82 탈상하고 거의 83년도에 내려왔을 거예요.

먼저 내려오신 거네요? 예. 어머니 혼자 계신다고 옆에서 이제. 애들 데리고 먼저 내려왔습니다.

그때 내려오셨을 때 집에 상황이 어땠습니까? 집? 좀 무서웠죠. 요새는 사람이 많이 들락거리고 하지 그때만 해도 한적하잖아요. 사람들이 별로 들어올 사람이 없고 식구는 적고. 그리고 집도 많이 남루했습니다. 이 뭐 거의 퇴락했다고 봐도 되죠. 이 기와가 이래 얹혀 있으면 하늘이 다 보였거든요. 이게 기와가 이게 흙기와 이 사이사이에 흙이 들어 있지 않습니까. 그 흙이 다 떨어지고 삭아 가지고 너무 오래 됐으니까. 이 집이 거의 지금 380년 되거든요. 그래가 뭐 이런 데는 그냥 마 그래도 괜찮은데 특히 더 대문채. 기와들 하늘 쳐다보여서 비 올 때는 확 비도 눈도 오면 날아들고. 비 피해주고 이렇게 흙 피하고 비 피하고 이러느라고 한 쪽으로 이렇게 지나다니고 이

1 집안 대소사의 봉제사 접빈객을 위해 경주교동법주를 시어머니와 남편과 함께 빚었다.
2 1981년부터 본격적으로 현재 교동 집에서 살기 시작했다. 그 이후 경주교동법주가 국가무형유산으로 지정되고 전승되는 과정에서 드러내지 않고 큰 역할을 묵묵히 수행했다.

시어머니 배영신과는 고부관계가 아닌 모녀지간처럼 사이가 좋았다. 경주교동법주는 시집와서 시어머니로부터 보고 듣고 함께 담그면서 배웠다.

래. 집이 그만큼 험했습니다.

경주 최씨 부잣집이라고 생각을 보통 했는데 그런 느낌은 아니었네요? 그래도 중매할 때는 교촌 최부자. 이름 있는 교촌 최부자고 뭐 명문가고 하니까 그 혼반만 보고 결혼하지 뭐 있고 없고 그거는 우선은 내가 밥먹고 살기 때문에 밥 먹고 살고 뭐 이 생활에는 경제관념은 없고 그냥 문중 보고. 양반집안이다 마 크게 양반은 아니더라도 그래도 뭐 명문가다 마 이래가지고 결혼했습니다.

내려오셨을 때 시어머니 배영신 보유자 그분께서 술도 담그고 하셨어요? 그 당시에는 무슨 집에 일이 뭐 큰일이 있을 때 경조사 간에 술 담는 거는 몇 번은 봤습니다.

서정애는 최경의 배우자, 경주교동법주의 전승자, 든든한 후원자로서 함께 동행하고 있다.

그때는 본격적으로 술 담는 게 아니기 때문에 옆에 지켜보시다가, 83년 86년부터 어쨌든 좀 그걸 개발도 하시고 하셨다는데 그때부터 그럼 본격적으로 하신 거예요? 그니까 83년도에 그 이제 이야기가 나가지고 86년까지 3년을 계속 술을 1년에 몇 번을 했죠. 그 문화재청에서 그때 그 차관님인가 그분이 이제 그렇케 하라고 장려를 하시고 그 힘으로 이제 우리가 술을 허가 없이 세무서에서만 허가를 해주는 조건으로 술을 빚어왔습니다.

그때 힘들지 않으셨어요? 힘들죠. 그때만해도 비록 체구는 작지만 그래도 젊다고 시어머님이니까 어른은 이제 그런 힘드는 일은 안 하시고 제가 쌀 뭐 예를 들어서 40킬로 단위로 한다 하면 40킬로 쌀을 이래 큰 다라에다 담아가지고 그걸 다 씻거든요 치대가지고. 그래 그걸 실고 새벽으로 새벽같이 일어나서 해야 하루에 그 일을 마치니까. 그래 하고 어머님이 옆에서 돌보시고 힘드는 일은 그래도 제가 했죠. 그때는 좀 체격이 좀 좋았습니다.

경주교동법주를 몸으로 마음으로 담아온 서정애는 오랜 경험으로 재료의 온도나 상태를 몸으로 측정하고 판단한다.

그때 거의 뭐 일을 도맡아 하신 거네요? 고두밥 찌는 거 그것도 제가 다 하고. 고두밥 찌는 데도 그 시간이 많이 걸리거든. 2시간 이상 걸립니다 한번에 고두밥 찌려면. 그거 식혀가지고 또 이렇게 술을 본주를 담을라 하면 그거 섞어 넣는데도 힘이 많이 들죠. 힘이 많이 들고 그래 하다가 이제 남편이 내려오고 나서는 남편이 거들고. 제가 거드는 거지, 남편이 주로 하고.

먼저 시어머니 옆에서 그걸 거들어주셨고 남편분이 뒤에 오셔가지고 합류를 하신 거네요? 예.

자녀분들은 다 여기서 학교 다니고 했어요? 그렇죠. 내려오면서 제가 내려오면서 다 같이 내려와 가지고 전학 오고 작은앤 아직 유치원 다니고 그럴 땝니다.

생활은 어떻게 하셨어요? 목공예 그걸 해가지고 간신히 이제 생활을 이어 나가고. 그러고 저도 또 그냥 안 있고 뭐 좀 했습니다. 옛날에 우리 전통으로 내려오던 법주의 안주. 안주 같은 걸 그걸 해 가지고 조금 판매도 좀 했습니다. 뭐 허가 받아가면서 할 거까진 아니고 집안에서 직접 전부 손수 하던 거 약과 뭐 다식 같은 거. 그리고 육포하고 북어포 하고 뭐 이런 거 전통

서정애는 경주교동법주 만드는 전과정을 남편 최경과 함께 한다.

안주니까 그게 또 필요하더라고요. 필요한 데가 있어 가지고 해줬습니다. 그래서 그런 걸 해가지고 아이들 용돈 뭐 학용품값 조금 보탬이 되고.

교동법주 어쨌든 보유자 어쨌든 배영신 보유자 최경 보유자 이렇게 내려왔는데 두 분을 옆에서 지켜보시면서 실제로 일도 많이 도와주시고 그렇게 하셨잖아요. 직접 거의 다 하셨는데 두분 스타일이 어떻게 좀 다른 거 같아요 어떻습니까? 시어머님도 물론 그런 점이 있으시지만 한결같이 같은 예를 들어서 하는 방법을 바꾼다든지 당신 마음대로 이렇게 해보자 저렇게 해보자는 별로 없으시고 옛날 전통으로 내려오던 어른한테서 배웠는 그 방식 그대로를 고수하시느라고 애를 쓰시고. 아직 그때는 뭐 이렇게 우리 마음대로 다 이렇게 해보고 저래 해보고 할 그런 여지가 없을 때니까.

시어머니도? 시어머니 대에서 본 대로 그대로 하셨고. 또 여 아랫대 아래 되는 분들도 역시 어머니한테 배운 걸 그대로 지금 하고 있는데 성품은 어머님은 좀 이렇게 활달하시면서 조금 개방적이고 그런데 이이는 아주 보수적이고. 그래서 조금도 안 벗어나려고. 조금도 안 벗어나고 여기서 좀 더 업그레이드 좀 더 업그레이드를 이제 하는데 이 기간 동안 숙성시키는 기간도 더 오래 두려고 그러고. 그래 이제 맛과 향과 이제 빛깔 이런 게 이 삼위일체로 좀 이렇게 다 맞아 떨어져야지 판매를 하지 많이 파는 게 목적이 아니다, 절대로 이 많이 파는 게 목적이 아니고 이 술맛을 향상시켜 가지고 손님들이 만족을 해야지 드시는 분이 만족해야지 우리가 이걸 돈으로 팔고 이게 뭐 우리가 이득을 남길라 하는 게 이게 목적이 아니다. 조상들이 해오시던 그대로를 유지를 하게끔 하고 좀 더 나아가야지. 그게 목적이라고 지금도 늘 그렇게 말씀을 합니다.

오래 찹쌀고두밥을 쪄봐서 익었는지 안익었는지는 입으로 먹어보면 안다

자녀분들이 식품 뭐 관련 학교도 나오고? 예. 처음부터도 우리가 하라고는 뭐 재한테 강요 안 했습니다. 아들은 지 스스로가 내 갈길은 정해져 있어서 정해져 있어 가지고 선택의 여지가 없었다. 지금 비록 만족은 못 하지만은 그때 그 상황이 할머니 하시고 할머니가 하시고 엄마 아버지가 하니까 지가 다른 일을 해야 되겠다는 그런 선택의 여지를 가져본 생각이 없다고 그렇게 생각을 하고 있고. 지금도 뭐 하는데 불만은 없습니다. 불만은 없고.

“절대로 이 많이 파는 게 목적이 아니고 이 술맛을 향상시켜 가지고 손님들이 만족을 해야지 우리가 이걸 돈으로 팔고 우리가 이득을 남길려고 하는 것이 목적이 아니다. 조상들이 해오시던 그대로를 유지를 좀 더 나아가야지. 그게 목적이라고 지금도 늘 그렇게 말씀을 합니다.”라고 힘주어 말하는 남편의 말을 가장 잘 따라 주는 최고의 응원자이다.

딸은 출가 후에 이제 출가 전에는 지가 전공을 뭐 전자공학과인가 그 거기에 나왔기 때문에 그 직업을 전 직장을 거기를 하다가 직장을 이제 거기에 근무하다가 결혼하고 나니까 전업주부로 돌아왔는데 집에 또 다른 걸 할라고 그러는 걸 집에도 어차피 손이 부족하니까 집의 일을 하면 어떻겠냐 하니까 선선히 응하고 좀 사위 되는 양반도 또 그렇게 하는 게 좋겠다고. 다른 직장보다는 여기가 뭐 뭐 다른 뭐 조건이 좋아서라기보다 이 일을 배우는 게 낫겠다고. 그래서 일 하다보니까 자연적으로 그 전수생 지나가지고 이수자까지 지금 와 있습니다.

두 분 다 허리가 안 좋으신 거죠? 예. 전부 수작업이다 보니까 그때만 해도 오로지 그냥 우리 힘으로만 하면 되는 줄 알았거든요. 힘으로 하면 다 되는

경주교동법주 술을 빚는 일 뿐만 아니라 거기에 맞는 안주를 장만하는 것은 며느리인 서정애의 몫이었다.

줄 알았는데 힘만 가지고는 될 게 아니고 일 하다보니까 이제 제가 조금 열리죠. 아 여기서 조금 더 우리가 편리하게 할 수 있는 방법이 있겠다 싶어서 제가 제안을 했습니다. 우리 여기에 바퀴를 달아라. 바퀴를 처음에는 저런 식으로는 안 하고 이렇게 만들어서 바퀴를 달아 가지고 항아리를 얹어가지고 끄는 이렇게 생각을 했거든요. 그래가 밀고 가면 좋겠다 이랬더니. 남편이 그 즉시는 대답을 안 하더니 조금 더 있다가 보니까 자기 생각을 이제 얘길 하는데 이 디자인 고안을 나오는데 바로 스탠 통에다가 바퀴를 달아가지고 그거를 밀고 가면 우리가 한 공간 안에 작업장이 다 설치돼 있는 게 아니고.

공간 공간이 좀 나눠져 있기 때문에 어디 이동이 문제거든요. 이동할 때 밀고 끌고 이게 밑에 방석을 놓고 항아리 얹고 하는 거는 앞에서 양쪽 귀를 들고 당기면 저는 뒤에서 밀고 이래 했거든요. 그리고 또 턱이 있으면 또 이렇게 들어야 되고. 이래 이동이 참 불편했습니다.

"빨리 이수자인 아들과 딸이 빨리 아버지 뒤를 이어 보유자가 되고 경주교동법주의 전통과 역사, 전승을 이어받아야 한다"는 바램을 가지고 있다.

고택이다 보니까 더 예. 여기 뭐 함부로 손 댈 수도 없고 손 댔다가는 뭐 잘못하면 큰 해를 입을 수도 있고. 그래서 허리가 둘 다 지금 편치를 못합니다.

내려 오신지 거의 그냥 45년 되신 거네요? 그렇죠. 81년도에 내려왔으니까 43년이다 그렇게.

좋으세요? 예. 생활하는데는 요새 서울 뉴스 같은 거 들어보면 너무 주거환경이 각박하고 뭐 그걸 즐기는 사람은 좋겠지만 여기에 살아보니까 아파트에 가서는 못 살겠어요. 잘 내려왔다 싶으고 이제 일도 나이 많아서 많이 못 하고. 할 수 있는 데까지만 하고.

바람이 있다면 어쨌든 우리 최경 보유자에서 또 밑에 자녀들한테 넘어가는데 어

떤 뭐 자녀들이 어떻게 했으면 좋겠다 이런 바람이 좀 있습니까? 자녀들이 어떻게 해주는 거보다 저희는 이제 어차피 이게 생업이 이제 됐으니까 생업으로 생각하고 이제 열심히 해야 되겠고. 저희들이 지금 아이들한테 해줄 수 있는 거는 우리 마음대로는 안 되지만 원하는 게 다시 이수자에서 보유자로 지정될 때까지 우리가 있을 동안에 이루어져야 될 일이기 때문에 문화재청(현 국가유산청)에서 그런 조건이 어떻게 되는지 긴밀하게 의논해가지고 지금은 이수자지만 앞으로 그 명칭이 뭔지 제가 확실히는 모르겠습니다만.

전승교육사 이렇게 올라가고 그 다음에? 예. 그 다음에 보유자가 되고. 그래 되는 걸 보고 우리가 생을 마쳤으면 좋겠는데 그게 마음대로 될지 모르겠습니다.

기능이나 이런 건 계속 알려주고 계신 거죠? 같이 하고 있습니다. 같이 일상적으로 하고 있으니까 우리가 오롯이 이 보유 보존하기 위해서만 술을 빚는 게 아니고 이게 또 업이 되다보니까 이제 생업이 되다보니까 늘 상시로 제조를 하거든요. 그러니까 자연적으로 같이 작업을 하니까. 일부러 전수다 뭐 이렇게 뭐 목적이 두고 하는 게 아니고 뭐 생활 자체가 직업이 됐습니다. 그러니 자연스럽게 또 보존되죠 돼가고 있죠.

3. 이수자 최홍석(아들) 최석윤(딸)과 전수장학생 최홍진(조카)

1) 이수자 최홍석(1975년생)의 경주교동법주 이야기[51]

- 이수자 지정 : 2013. 8. 1.
- 전수생 지정 : 1998. 1. 1.

경주교동법주를 처음 접한 시기는? 중학생 때 고두밥 너는 것을 보고 신기해서 구경했던 기억이 난다. 고등학교 올라가면서 주말이나 휴일에 할머니(제1대 보유자 배영신)와 부모님(제2대 보유자 최경, 서정애)이 술빚는 걸 옆에서 지켜보곤 했고 마지막 과정인 주병에 필름을 씌워서 루팅하는 작업을 온 가족이 같이 했던 기억이 난다.

경주교동법주는 어떤 술이라고 생각하는가? 과거에는 집안 손님과 과객들에게 대접하는 술이었고 지금은 누구나 부담없이 즐길 수 있는 약주가 되도록 노력하고 있다. 무엇보다 교동법주는 우리나라 전통방식의 약주이므로 최대한 전통방식을 고수하고 있으며 열처리를 하지 않는 생주로서 본연의 맛과 품질을 지켜나가고 있다.

경주교동법주를 처음 직접 담가본 경험? 본격적으로 담기 시작한 것은 대학교 졸업후이다. 그전까지는 부분적으로 도와 드리긴 했으나 졸업 후부터 전 과정을 같이 참여하였다.

---

51 2025년 7월 25일 서면 인터뷰 내용

맷돌을 함께 돌리는 아버지(최경)와 아들(최홍석). 최홍석은 현재 이수자이며 식품관련 전공을 해서 경주교동법주를 계승하고 있다.

경주교동법주에서 가장 어려운 점은? 현재 경주교동법주의 제조장은 경주 교촌마을 안에 위치하고 있으며 경주는 문화유산 보존지구이다. 따라서 제조 시설을 마음대로 옮길 수도 없으며 오로지 현재 위치한 한옥에서 제조하고 있다. 현대적인 시설이 접목될 수도 없는 환경이며 장소 또한 늘릴 수도 없는 열악한 환경이다. 좀더 나은 품질을 위해 노력하고 있지만 장소의 한계 때문에 막혀있어서 매우 어렵다. 일례로 대부분의 과정이 수작업이다 보니 가족들이 모두 허리 디스크를 앓고있는 상황이다.

이수자로서 어떤 역할을 하고 있는가? 말 그대로 이수자는 교동법주의 전승이 끊기지 않기 위해 모든 과정을 이수하여 전승시킬 수 있는 사람이이어야 한다. 지금은 보유자인 아버지와 전수생들의 가교역할이며 조금이나마 좋은 품질을 낼 수 있다면 전통방식을 해치지 않는 선에서 발전시키도록 노력할 것이다.

통밀을 말리고 있는 보유자, 이수자(최홍석), 전수장학생(최홍진, 조카)

향후 교동법주의 전승방안은? 교동법주가 처한 여러 가지 지리적 환경 및 생산 환경상 육체적으로도 매우 힘들고 외부인이 전승에 참여하기가 어렵다. 따라서 모든 환경적 요인이 해결될 때까지는 최대한 가족들이 전통방식을 해치지 않는 선에서 계속 전승할 계획이다.

경주교동법주 집안의 후손으로서 자부심? 자부심 보다는 할머니와 부모님이 힘들게 이어오신 방식을 잘 전승할 수 있을 지 두려움과 부담이 크다. 경주 최부자택의 가양주로서 후손으로서의 자부심 역시 선대의 덕행에 따른 것이라 감사할 따름이고 정신을 잘 이어나가도록 노력할 것이다.

2) 이수자 최석윤(1973년생)의 경주교동법주 이야기[52]

- 이수자 지정 : 2023. 7. 17.
- 전수생 지정 : 1998. 1. 1.

공개행사는 어떤 의미가 있는 겁니까? 일단 저희가 의무사항이에요. 기능보유자라고 요즘 뭐 뭐가 또 바뀌었다고 하긴 하던데 아무튼 예전말로 인간문화재 혹은 기능보유자라고 하는 이제 기술전수를 해야 되는 목적을 가지고 저희 평상시에 늘 아이고. 교육도 하고 진행을 하고 있긴 한데 이걸 평가받는 자리가 가장 큰 의미인 거 같아요.

이수자 최석윤은 보유자 아버지 최경과 함께 덧술을 항아리에 담고 있다.

52 2024년 6월 6일 구술조사

평소 때는 어떻게 전승활동을 하고 계십니까? 그냥 저희가 이거를 사업체로 꾸려서 판매를 겸하고 있는 상태라 집에서 작업해서 생산하고 판매하는 그 전 과정이 어떻게 보면 원래의 문화재정 입장이 아니 국가유산청 입장에서 저희한테 요구했던 전승활동을 좀 더 전문적으로 할 수 있는 방법인 거 같고요. 그래서 일단 판매하는 전 과정이 전승활동이에요 저희한테는.

매월 교육을 하고 있어요. 그 똑같은 작업인데 이제 증명 인증샷 이런 것도 제출해야 된다고 제도가 조금 바뀌어서 저희가 하고 있는 교육현장, 그니까 생산현장인데 그거를 사진을 찍어가지고 제출을 하거든요. 근데 어차피 작업현장 뒤쪽 작업장에서 그대로 하는 모습을 컷으로 남겨가지고 제출을 하고 있고.

저희 나름대로는 최종결과물이 나오는 순간까지도 저희끼리 평가를 하는 거긴 한데요. 뭐 어디에 점수 매기고 잘했다 못했다 이런 정교하게 매뉴얼을 가진 평가는 아니고 그냥 꾸준하게 아버지 옆에서 만들고 그 다음에 이제 아버지한테 확인 받고. 맛에 대해서. 그런 걸로 전승활동이 이어진다고 볼 수 있을 거 같아요.

어떻게 가업을 이어받으실 생각을 하신 거예요? 가업을 이어받을 생각은 아직도 없고요. 이게 최씨 집안의 가양주에요. 그래서 할머니 때는 며느리가 음식을 함으로 인해서 그 기술을 가지게 됐던 거고 할머니가 보유자로 지정을 받으신 이후에 이제 아버지 어머니가 같이 이수자로 되시긴 했지만 이게 저희가 판매를 하기로 결정을 하고 많은 양을 같은 수작업 방식으로 생산을 해야 되다 보니까 힘이 훨씬 더 많이 들기도 하고 또 어디 사장 그러면 남자가 해야 될 거 같잖아요. 일도 더 많이 하시고. 그래서 아버지께서 자연스럽게 보유자도 되시고 대표도 되시고 하셨거든요. 근데 여기까지는 최씨집안 맞는데 저도 최씨집안 식구였지만 최가네 사람이어도 딴 타성으로 시집을 가서 이게 제 일이 아니라고 생각했어요. 근데 술을 해보니까 수작업으로

"아버지가 완전히 은퇴하시기 전까지 하나라도 놓치지 않고 이어가도록 열심히 노력하겠습니다."

어머니 서정애와 함께 안주(보푸림)를 만들고 있다.

많은 양을 생산해서 판매하려면 정말 많은 노동력이 들어가고 그래서 최가에 한발 걸치지 않은 사람한테 바로 전수를 하거나 넘기기는 가양주의 성격 자체가 희석이 될까봐 그게 더 곤란하기도 하고. 그래서 출가외인 격이라 저는 상관이 없을 줄 알다가 지금은 노동력이 모자라서 어쩔 수없이 한 손을 보태고 있는 거고. 제일 든든한 건 이제 남동생이 이어갈 거라고 생각을 하고 남동생이 이쪽으로 이제, 원래는 식품가공학 전공도 남동생이 했어요 이걸 계속 이어가려고. 할머니나 아버지 같은 경우는 집안에 내려오는 방식이고 음식이니까 해오셨던 거지 뭐 학문적인 뒷받침이 있어서 깊이 연구하고 그러셨던 게 아니었거든요. 오랜 세월을 통해서 체득하셨던 부분을 계속 계속 이어가셨던 부분이고 남동생은 혹시나 이어가는데 좀 더 개선이 되거나 좋은 방안이 나올까 해서 이론적으로도 전공을 하면 좋겠다 해서 그 방향으로 진로를 잡았던 거고. 저 역시도 이제 아무 상관이 없을 거였기 때문에 전 뭐 학문적인 뒷받침 같은 건 없고 그냥 하다보니 손이 모자라서 한손 보태다 보니까 여기까지 왔어요. 저는 원래는 문화재로서의 이 아 무형유산으로서의 교동법주를 이어갈 생각은 없었고 남동생이 다 짊어지려니까 너무 좀 부담이 큰 거 같아서 저희 집안에서 내려오는 곁다리 음식들 많아요. 술처럼 이렇게 손님 대접했던 상에 올리던 음식들이나 식구들이 고유의 계속 즐겨서 드시던 음식들 이런 게 있어가지고 그거를 조용히 이어갈까 생각하고 처음에 이제 한발 걸치고 들어왔던 건데 지금은 이 술 하는데 사실 손이 너무 모자라서 제가 원래 목표로 했떤 뭐 안주거리라든지 집안의 다른 음식 같은 거는 깊이 배우고 이어나가지 못하고 몇 가지만 건졌어요. 어쨌든 저는 어디까지나 보조역할이긴 한데 하는 데까지 할 수 있는 데까지 계속 해서 보조하려고 합니다. 어쩌다보니까 아버지가 젊은 나이에 시작을 하셨는데 지금 80세가 넘으셨어요. 그 전에 곁에서 지켜보던 든든하고 큰 모습의 아버지가 지금은 많이 힘이 빠지시고 역정을 내셔도 제가 별로 겁이 안 날 정도로 그렇게 세월이 지나왔는데 그 세월 동안 지켜본 거랑 지금 앞으로 남은 시간 동안 아버지가 완전히 손 떼시기 전까지 아직 그때 하실 동안에 옆에서 잘 지켜보고 하나라도 놓치지 않고 이어가도록 열심히 노력하겠습니다.

3) 전수장학생 최홍준(1986년생)의 경주교동법주 이야기[53]

- 전수생 지정 : 2017. 9. 1.

법주를 처음 접한 시기? 법주를 처음 접한 정확한 시기는 기억이 나지 않는다. 다만 유년기 시절 명절이나 제사를 지내고 나서 음복을 하기 위해 어른들이 드시는 걸 보고 알게 되었다.

53 2025년 7월 25일 서면 인터뷰 내용임.

전수장학생으로 큰아버지 일을 잘 도와주고 있다.

법주를 만들기 시작한 계기는? 직장 생활을 5년 조금 넘게 했을 무렵이였다. 경력을 더 쌓아야 할 지 이직을 할지 고민을 하고 있던 시기였다. 그때 사촌 누나(이수자 최석윤)로부터 큰아버지가 찾으신다는 연락을 받고 주말 오후 교동으로 향했다. 큰아버지께서는 집에 들어와서 같이 일을 해 보는 것이 어떤지 내 의사를 물으셨다. 어릴 때부터 봐왔던 것이지만 한번도 경험해 보지 못했고, 전혀 새로운 일이라 많은 고민이 되고 염려가 되었다. 한 달 넘게 고심해 결정을 내리고 교동으로 들어 오게 되었다.

법주빚기에서 제일 어려운 점은? 아직은 나에게 모든 과정이 어렵다. 흰죽을 쑤고, 주모를 만들고 발효를 시키고, 또 주요를 빚고 발효를 시켜 법주가 완성되기까지 혼자만의 사투를 벌인다. 예를 들면 주모와 주요 발효 과정 중 내 기준에서는 발효가 잘 된 것 같은데 큰아버지께 여쭤보면 어떤 부분에 대해 다름을 설명하신다. 완벽을 추구하는 큰아버지의 경험과 노하우를 다 알기에는 어렵지만 그 과정 하나하나 머리에 새기고 몸으로 체험하려 노력중이다.

앞으로의 계획? 이 일을 언제까지 할 수 있을지 또 교동법주가 사람들에게 어떻게 기억이 될 지. 한치 앞도 모르는 게 사람 일이지 않은가? 다만 교

전수장학생 최홍진은 큰아버지인 보유자 최경과 함께 누룩만드는 작업을 하고 있다.

동법주가 세상 사람들에게 전통과 문화의 명맥을 잘 이어가는 전통주라는 이미지를 심어주고 싶다. 전통주하면 가장 첫 번째로 떠올릴 수 있는 그런 법주로 만들어 가고 싶은 작은 소망은 있다.

경주교동법주 후손으로의 자부심? 주변 사람들이 나를 보면 하는 얘기들이 있다. "와~경주 최부자! 교동법주!!" 어릴 때는 이런 얘기들이 부담이었다. 하지만 나이가 들어 갈수록 부담보다는 자부심을 가지게 된다. 아무나 가질 수 없는 집안의 후손이라는 자부심이 뿌듯할 때가 많다. 또한 그만큼 어깨가 무거울 때가 있다.

여담이지만 교동법주는 나와 뗄래야 뗄 수 없는 관계인 것 같다. 교동법주가 국가지정으로 받은 날이 1986년 11월 1일, 바로 내 생년월일과 같은 날짜이다. 물론 여기에 의미를 부여하는 것은 아니다. 다만 집안의 일원으로 또 교동법주의 명맥을 이어가는 한 사람으로 남들에게 손가락질 받을 만한 행동을 하지 않아야 한다는 게 내 철칙 중 하나이다. 선조들이 지켜온 문화를 이제는 내 후대의 자손들에게도 잘 물려줄 수 있는 일원으로 살아가고 싶다.

4. 경주교동법주 전승환경의 지속과 변화

경주교동법주는 경주 최부자댁의 단순한 가양주가 아니라 가문의 정신과 전통이 깃든 국가무형유산이다. 경주교동법주는 조선 숙종 때 최국선(1631~1682)이 처음 빚은 이후, 최씨 가문에서 350년을 대대로 내려오며 전통을 지켜온 술이다.

"교동법주는 저희 집안의 전통이면서, 경주라는 지역과 함께해 온 문화적 산물입니다. 오랜 세월 가문의 며느리들이 이를 계승하며 정성스럽게 빚어 왔지요."

경주교동법주를 빚는 데는 오랜 시간이 든다. 약 100일 동안 밑술과 덧술의 발효, 채주와 숙성의 과정을 거친다. 이런 시간들이 흐를수록 색과 향, 맛이 더욱 깊어지고경주교동법주는 특유의 미황색과 은은한 단맛, 곡주의 향을 지니게 된다. 경주교동법주는 단순한 술이 아니라 오랜 기다림 속에서 완성되는 '세월이 빚은 명주'이다.

"법주를 만들 때는 먼저 밑술을 빚고, 이후 2차 발효 과정을 거쳐 완성합니다. 보통 술이 완성되기까지 짧게는 며칠, 길어야 한 달 걸리지만, 교동법주는 100일 동안 천천히 익어가며 자연스럽게 깊은 향과 부드러운 맛을 형성합니다."

술은 효모가 만든다. 사람이 술을 만든다고 생각하는 순간부터 술 빚기는 실패하기 쉽다. 사람은 그저 알코올을 잘 만들어 내도록 효모를 잘 관리하기만 하면 된다. 술을 빚는 과정에서 가장 중요한 것은 온도와 발효의 균형을 유지하는 것이다. 경주교동법주는 원래는 겨울 술이지만 외부기온 변화에 따라 미묘한 조정이 필요하다. 경주교동법주 빚는 데는 사람의 감각과 오랜 경험이 필수적이다.

"한겨울에는 술이 너무 천천히 익고, 여름에는 온도가 너무 높아질 수 있습니다. 기계로 조절하는 것이 아니라 장인의 손길과 감각으로 최적의 상태를 맞춰야 합니다."

350년 오랜 세월 명맥을 유지해 온 경주교동법주의 전통을 잇는 일은 쉬운 길이 아니다. 기능보유자 최경은 현대인의 입맛과 변화하는 시대에 맞춰 전통을 지켜 나가는 방법에 대한 고민이 많다. 예전처럼 집에서 술을 빚는 문화는 줄었지만, 전통에 대한 관심은 다시 높아지고 있다. 경주교동법주의 본질이 무엇일까? 경주교동법주의 역사성, 전통성, 술의 품격 등을 잇고 유지하고 지켜가면서 새로운 창조적 계승하는 일일 것이다. 기능보유자 최경은 단순히 전통을 '보존'하는 것이 아니라, 새로운 방식으로 '계승'하는 것이 중요하다고 생각한다.

"전통을 유지하는 것이 가장 중요하면서도 어려운 일입니다. 변화를 받아들이되 술의 본질을 해치지 않는 것이 중요하죠."

"최근 전통주를 찾는 젊은 사람이 늘어나고 있어요. 과거에는 어르신들이 즐기던 술이었다면, 지금은 전통의 가치를 새롭게 발견하려고 찾는 사람이 많은 술입니다."

"전통을 유지하면서도 현대적으로 접근해야 합니다. 교동법주의 가치를 더 많은 사람이 알고, 직접 경험할 수 있도록 노력할 것입니다."

경주교동법주의 한잔 술에는 단순한 맛을 넘어, 역사와 전통, 정성이 깃든 이야기가 담겨 있다. 350년 대대로 이어온 가문의 역사와 전통, 100일 동안 정성을 들여 빚어지는 술, 그리고 깊은 향과 맛 속에 깃든 술의 품격은 오늘을 살아가는 우리가 잊지 말아야 할 경주교동법주의 가치이다.[54]

---

54 최대규(글) 박재우(사진), 「세월이 빚어낸 달콤한 향, 경주교동법주의 길을 잇다」『국가유산사랑』, 국가유산청, 2025년 3월 244권, 16~19쪽

참고문헌

이종태, 「오피니언농정일기, 토종밀에서 새로운 품종을 만든다」, 『경남뉴스』, 2025. 4. 4.

최대규 · 박재우, 「세월이 빚어낸 달콤한 향, 경주교동법주의 길을 잇다」, 『국가유산사랑』, 국가유산청, 2025년 3월, 244권.

국립무형유산원, 『술, 이야기로 빚다』, 국립무형유산원, 2015.

박록담 · 전경례 · 안계희 · 심유미 · 김소현 · 김유미 · 최원, 『한국의 전통명주 4 : 버선발로 디딘 누룩』, 코리아쇼케이스, 2005.

경상북도, 『경상북도문화재도록(慶尙北道文化財圖錄)』, 동해문화사, 1995.

________, 『경상북도문화재지정조사보고서(慶尙北道文化財指定調査報告書)』, 경상북도, 1992.

국립문화재연구소, 『한국의 중요무형문화재⑧ 중요무형문화재 86-다호 경주교동법주(慶州校洞法酒)(기록도서 및 기록영상)』, 1998.

김동욱 · 노완섭, 「경주법주」, 『無形文化財指定調査報告書第163號 傳統民俗酒』, 文化財管理局, 1885.

유태종, 「법주」, 『한국민족문화대백과사전』, 한국학중앙연구원, 1991.

문화재청, 「무형문화재분과 2차회의 회의록」, 『문화재위원회 회의록(하2-1권) 무형문화재분과 · 천연기념물분과』, 2006.

________, 「무형문화재분과 회의록」, 『문화재위원회 회의록(하2-1권) 무형문화재분과 · 천연기념물분과』, 2005.

문화재관리국, 『문화재위원회 제4분과 회의록 제3차회의(1985. 11. 18)』, 1985.

___________, 「문화재위원회 2분과 제7차 회의록(1982. 12. 22)」, 『文化財 第16號』, 1983.

KBS, 〈12대 400년 부자의 비밀, 경주 최부자〉, 《KBS 역사저널 그날》, 2009년 8월 2일.

국가유산청 누리집, https://www.khs.go.kr/

경주교동법주 누리집, http://www.kyodongbeobju.com

경주최씨중앙종친회, http://www.choichiwon.net

박록담, https://www.facebook.com/profile/100000947184633/search/?q=지상갤러리%누룩틀), 2025년 1월 3일.

글 천진기(前국립민속박물관장)
사진 최호식(테트라스튜디오)

총괄 임승범
기획 · 진행 김계수, 임태영
교정 이화영, 안경희(이상 국가유산청)

국가무형유산

경주교동법주 보유자 최경

초판 1쇄 2025년 12월 10일

기획 국가유산청
무형유산국 조사연구기록과
주소 전라북도 전주시 완산구 서학로 95
전화 063-280-1686
홈페이지 www.khs.go.kr

출판 문예원
주소 서울시 마포구 토정로 25길 41(대흥동 337-25)
전화 02) 804-3320, 805-3320, 806-3320(代)
팩스 02-802-3346

발간등록번호 11-1833100-100116-01
ISBN 979-11-90587-74-7 93380